The Storyteller's Series

Viajes fantásticos
Ladrón de la mente

To Tede Mathews,
who loved storytelling.

Elías Miguel Muñoz

McGraw-Hill, Inc.

New York   St. Louis   San Francisco   Auckland   Bogotá
Caracas   Lisbon   London   Madrid   Mexico City
Milan   Montreal   New Delhi   San Juan
Singapore   Sydney   Tokyo   Toronto

Ladrón de la mente

This book is printed on recycled, acid-free paper containing a
minimum of 50% total recycled fiber with 10% post-consumer
de-inked fiber.

3 4 5 6 7 8 9 0   FGR   FGR   9 0 9 8 7 6

ISBN 0-07-044312-2

This book was set in Bauer Bodoni by Clarinda Typesetting.
The editors were Thalia Dorwick and Richard Mason.
The production supervisor was Diane Renda.
The text and cover designer was Juan Vargas.
The cover illustrator was Don Baker.
The photo researcher was Stephen Forsling.
This book was printed and bound by Fairfield Graphics.

Library of Congress Cataloging-in Publication Data
Muñoz, Elías Miguel
    Ladrón de la mente / by Elías Miguel Muñoz.
        p.   cm. (The Storyteller's Series)
    Prefatory material in English.
    Includes bibliographical references.
    ISBN 0-07-044312-2
    1. Spanish language—Readers.   I. Title   II. Series.
PC4117. M85   1995
468. 6' 421—dc20   94-24578   CIP

Grateful acknowledgment is made for use of the following photographs:

Page 28 (top and middle) A. G. E. FotoStock; *28 (bottom)* Chip and
Rosa María de la Cueva Peterson; *29 (top)* A. G. E. FotoStock;
29 (middle) Art Resource; *29 (bottom)* Jon Bradley/Tony Stone Images;
30 (top) Peter Menzel; *30 (middle)* Owen Franken; *62 (bottom)* Owen
Franken/Stock, Boston; *62 (top)* Dalí, Salvador, *The Persistence of
Memory,* 1931. Oil on canvas, $9\frac{1}{2}$ x 13". The Museum of Modern Art,
New York. Donated anonymously; *107* Archive Photos; *108 (top and
bottom)* Robert Frerck/Odyssey Productions; *126 (top)* Peter Menzel;
126 (middle) A. G. E. FotoStock; *126 (bottom)* Peter Menzel; *127 (top)*
Polly Hodge; *127 (bottom)* El Greco, *View of Toledo,* circa 1597. Oil on
canvas, $47\frac{3}{4}$ x $42\frac{3}{4}$". Bequest of Mrs. H. O. Havemeyer, 1929. H. O.
Havemeyer Collection (29. 100. 6). The Metropolitan Museum of Art,
New York.

Contents

Preface

Pleasure Reading

Pleasure reading is without a doubt one of the most effective means for helping students improve in a second language. There is overwhelming evidence that reading for pleasure is highly beneficial for language acquisition and literacy development. Research studies have shown that those who read more read better, write with a more sophisticated style, have larger vocabularies, spell more accurately, and have a deeper understanding of complex grammatical structures. In fact, research strongly suggests that time spent pleasure reading is more beneficial for language development than time spent in direct instruction.[1]

---

[1]For a review of the research on the benefits of reading, *see* Krashen (1993), *The Power of Reading.* Englewood, Colorado: Libraries Unlimited.

Pleasure reading has numerous other benefits. It is an important source of knowledge and ideas. Studies show that those who read more know more.[2] By definition, pleasure reading is also very enjoyable. According to Mihaly Csikszentmihalyi, a researcher in psychology at the University of Chicago, this type of reading induces a state of "flow," deep but effortless involvement, in which the concerns of everyday life disappear. Flow, in turn, induces "enjoyment" which, Csikszentmihalyi argues, is different from physical or biological pleasure. Although flow can result from a number of activities, reading "is currently perhaps the most often mentioned flow activity in the world."[3]

One objection that has been raised against free pleasure reading is that it is too much fun. In his report of a successful "book flood" program in Singapore, Elley reported that, in some of the groups he studied "teachers, principals, and parents expressed concern that children were merely enjoying themselves, rather than learning. Indeed, a few teachers dropped out for such reasons. The assumption that language learning must be hard work is strong in many cultures".[4]

Another objection is the fear that, if students are allowed to read what they like, they will not read material of high quality; instead, they will stick with "trash." The small amount of empirical research available on this topic does not confirm such an assumption: Schoonover reported

[2]Research reviewed in Krashen (1990). *How Reading and Writing Make You Smarter, or, How Smart People Read and Write*, J. Alatis (Ed.), Georgetown University Round Table on Languages and Linguistics, 1990 (364–376). Washington, D.C.: Georgetown University Press.
[3]Csikszentmihalyi, M. (1990). *Flow: The Psychology of Optimal Experience*. New York: Harper Perennial.
[4]Elley, W. (1991). "Acquiring Literacy in a Second Language: The Effect of Book-Based Programs." *Language Learning*, 41, 375–411.

that children who do extensive free reading eventually choose what experts have decided are "good books."[5]

In addition, the very notion of quality literature can be questioned. Nell found positive correlations between merit ratings and difficulty ratings of texts, suggesting that subjects were making their merit judgments based on the difficulty of a given text; those texts that were harder to read were considered better quality.[6]

For those concerned about the relationship between reading for pleasure and the study of literature, we have good news: Reading for pleasure may lay the foundation for the appreciation of literature. A group of researchers (Davis, Kline, Gorell, and Hsieh) recently investigated predictors of positive attitudes toward literature among students enrolled in sixth-semester foreign-language literature classes. Leisure reading was one of the strongest predictors. Those who had done more leisure reading in a foreign language reported more positive attitudes toward the study of literature.[7]

Pleasure reading may be part of the bridge that the foreign language teaching profession has been looking for between beginning language courses and the study of literature. A student who has read extensively for pleasure will be much better prepared for more difficult input.

Our challenge is to provide beginning language students with reading that is both pleasurable and comprehensible. It is fairly easy to satisfy one of the two requirements of pleasure and comprehension, but not both.

---

[5]Schoonover, R. (1938). "The Case of Voluminous Reading." *English Journal*, 27, 114–118.
[6]Nell, V. (1988). *Lost in a Book*. New Haven: Yale University Press.
[7]Davis, J., Kline, R., Gorell, L., and Hsieh, G. (1992). "Readers and Foreign Languages: A Survey of Undergraduate Attitudes Toward the Study of Literature." *Modern Language Journal*, 76, 320–332.

Interesting readings are readily available; the real world is full of good books. Comprehensible readings are also easy to find; beginning language textbooks, for example, are full of accessible practice materials. But *authentic* readings are usually not comprehensible to language students, and the comprehensible readings we usually find in textbooks are not always interesting.

The Storyteller's Series provides students of Spanish with comprehensible reading material and hopes to inspire in them the desire to read more. The stories in this series take advantage of the principle of *narrow input*, the idea that comprehension and thus language acquisition increase when the reader reads a great deal in one area, on one topic, or reads works by a single author. Instead of short passages or brief excerpts, these readers provide students with full-length novellas. Because of the familiar context provided by the novellas, such long texts are much more comprehensible, and therefore result in more language acquisition.

How to Use *The Storyteller's Series*

The best way to use this series is as leisure reading. No pre-reading activities are necessary; pre-reading activities are only needed when the text facing the student is too difficult or when he/she lacks necessary background information. But readers don't need special background knowledge in order to follow the stories in *The Storyteller's Series*. Also, because these texts are designed to be read for *pleasure*, students should not feel "forced" to read them. If the story a student is reading is too difficult, if there are too many unknown words (*see below*), then the student should not be reading that story. We recommend that he/she first read something easier and try the story later.

Activities are provided for each story at the back of the book and are meant to be done after students have read the entire piece. These activities were not designed as comprehension-checking exercises, nor were they supposed to reinforce grammar or vocabulary; rather, they were written to help stimulate interesting discussion of the meaning of the story and to relate its themes to the students' lives. In other words, these **Actividades** treat the texts as literature, not as pedagogical exercises. Through classroom discussion, students will get additional comprehensible input and deepen their appreciation for what they have read.

No comprehension checking is necessary. When reading is meaningful, the act of reading itself provides its own comprehension check. If the story makes sense, the reader is clearly understanding it.

Nor are there vocabulary exercises in *Ladrón de la mente* or the other *Storyteller* books. Research has shown that pre-teaching vocabulary before reading is of doubtful value, and we expect students to *acquire* vocabulary as they read. Studies indicate that each time we see an unfamiliar word in print, we acquire a small portion of its meaning, eventually building up to the full meaning of the word.

We recommend that when students encounter an unfamiliar word, they first try to skip it. Ironically, this practice will result in more vocabulary acquisition, not less. If readers skip unknown words they will read more, and acquire more words from context; if they stop to look up every new word they will read less, and, of course, reading will then become a tedious activity devoid of the pleasure we are trying to induce.

When a word cannot be skipped because it is truly essential to the meaning of the passage, we encourage students to *guess* at the word's meaning. If the student guesses correctly, the text will make sense. If the student guesses incorrectly, the text will probably not make sense and the student will guess again. In those cases where guessing doesn't work and a word is essential, the student can look it up in the glossary provided or in a dictionary. We anticipate that this will not happen very often in our series.[8]

Reading can be done in class or as homework. Some instructors prefer to set aside five to ten minutes per period for "sustained silent reading" and/or read the initial portions of the stories out loud to students in class. This in-class reading helps to get the students involved in the text and to whet their appetites for reading at home.

Our hope is that readers of *The Storyteller's Series* will be reading for pleasure in Spanish long after their courses end. If they continue to read, they will continue to improve their language abilities, whether native speakers are available to them or not. In addition, they will gradually gain a deep appreciation for another culture while engaging in an activity that is profoundly enjoyable.

---

[8]The strategy recommended here is for use in extensive reading, not intensive reading. In intensive reading, readers cannot risk skipping words. The strategy of skipping words, then guessing, is ideal, however, for extensive pleasure reading; it explains why leisure reading is such a good way of building vocabulary knowledge and developing other aspects of language and literacy competence.

LADRÓN de la MENTE

Es un sueño la vida,
pero un sueño febril[1]...

Gustavo Adolfo Bécquer,
«Rima 33»

...serán ceniza,[2] mas tendrá sentido;[3]
polvo[4] serán, mas polvo enamorado.

Francisco de Quevedo,
«Amor constante más allá de la muerte»

---

[1]*feverish, passionate*   [2]*ashes*   [3]mas...*but (love) will have meaning*
[4]*dust*

Índice

Aclaración previa

Mi nombre es Marisol Guardiola. La historia que se narra en este libro está basada en las páginas de mi diario; son apuntes[5] que tomé durante siete meses. Cuando comencé a escribir mis pensamientos,[6] no podía imaginarme ni remotamente lo que me iba a ocurrir. Mi diario personal terminó siendo la crónica de una experiencia extraordinaria.

¿Qué me motivó a escribir un diario? Quería aclararme a mí misma algunas ideas, explorar ciertos temas que me estaban inquietando.[7] Eran temas en los que mucha gente piensa: el amor, el matrimonio, la familia, el éxito, la libertad. Empecé narrando cosas íntimas, bastante típicas en comparación con las que tendría que contar después. A medida que escribía, mi diario se fue transformando en una novela. Y yo me convertí en protagonista y narradora de esta historia fantástica.

Me siento afortunada de poder dar a conocer mi testimonio. Al preparar el manuscrito, me tomé la libertad de aclarar algunas cosas. Dividí los apuntes en cinco «partes» y varios capítulos. Les puse títulos a todas las partes y eliminé las fechas. Construí mi libro pensando en ustedes, los lectores.

---

[5]*notes*   [6]*thoughts*   [7]que... *that I was concerned about*

Aquí les ofrezco el resultado de siete meses de escritura, siete largos meses de vivencias[8] intensas. Les invito a leer los datos, a presenciar las simulaciones. Les invito a descifrar los sueños.

Todo comienza un primero de enero...

---

[8] *personal experiences*

Banco de datos

Capítulo 1

Voy a empezar el primer diario de mi vida. Hoy es Año Nuevo y quiero recibir este año haciendo algo diferente. Además, dicen que las ideas se aclaran cuando una las escribe. Y tengo muchas ideas que quisiera aclararme a mí misma. He decidido que voy a escribir a mano, en vez de usar mi ordenador personal. Espero tener así un contacto más directo con mis palabras y mis sentimientos.

Primero, algunos datos personales. Vale la pena comenzar con un repaso honesto de mi vida… Nací en Madrid hace veintiocho años.[9] Soy de tez[10] blanca y cabe-

---

[9]*Editor's Note: This story is narrated by a Spanish character and features contemporary Castilian Spanish. The text is rich in grammatical structures, vocabulary, and idiomatic expressions that are commonly used in Spain. For example, the* vosotros *form appears throughout:* Escuchad (Escuchen); Os traigo el desayuno (Les traigo el desayuno); ¿Pensáis ir? (¿Piensan ir?).

Another common variation you will find is the use of object pronouns. In Spain, the indirect object le *often but not always replaces the direct object pronouns* lo *and* la. This is known as *leísmo. There are several examples of* leísmo *in this story, mainly in dialogues. Here are just a few:* Le admiro (Lo admiro); Le amo (Lo amo); Tú le conoces (Tú la conoces). *Although such peculiarities are well-known to most native speakers, they might seem odd to non-native readers. Your comprehension of the story should not be affected by these unfamiliar usages.*

[10]*complexion*

llo negro, más bien alta. Visto con elegancia para trabajar, aunque me siento más cómoda con pantalones tejanos.

Me gusta mi empleo. Soy especialista de informática.[11] Trabajo en el Centro de Informática Siglo[12] XXI, una compañía que está en Madrid, en el Paseo de la Castellana. Tengo un puesto de analista en el Departamento de Nuevos Programas; analizo los problemas y estudio el funcionamiento del software que el Centro importa. Una de mis responsabilidades es traducir los programas al español cuando están en inglés o francés, idiomas que entiendo bien. De vez en cuando diseño[13] subrutinas, que son programas dentro de los programas.

El Centro contiene sistemas sofisticados y una unidad principal[14] muy poderosa. Hemos atraído a importantes clientes: bancos, empresas[15] privadas, una cadena de televisión y varios departamentos del gobierno español. El lema[16] de nuestra compañía dice la verdad: *¡Estamos informatizando[17] a España!*

Vivo en Madrid. Comparto un piso[18] con mi hermana Rocío en la Calle Alcalá, esquina con Goya. Nuestros padres viven en Móstoles, un pueblo a unos quince kilómetros de la capital.

Rocío es tres años menor que yo, pero es muy seria y madura para su edad. Ella estudia psicología en la Universidad Complutense y se considera una psicóloga «ecléctica»; admira a Jung[19] y es ávida lectora de

---

[11]*computer science*   [12]*Century*   [13]*I design*   [14]*unidad... mainframe*
[15]*companies, firms, enterprises*   [16]*slogan*   [17]*computerizing (Spain)*
[18]*apartment (Spain)*   [19]*Carl Jung (1875–1961), Swiss psychologist famous for introducing archetypes into the field of psychoanalysis.*

Freud[20] y otros psicólogos contemporáneos. En el poco tiempo que tiene libre, Rocío hace trabajo voluntario como consejera[21] en la Clínica del Bienestar. En esa clínica atienden a personas de pocos recursos; casi todos los clientes de mi hermana son mujeres jóvenes.

Rocío tiene un «sexto sentido» para entender a la gente; le encanta dar consejos. Cuando me los da a mí —¡frecuentemente!— la escucho con cariño y paciencia. El problema es que somos demasiado diferentes. Hay muchas cosas que no le cuento a Rocío porque sé que no me entendería. Además, me molesta el «análisis» que hace periódicamente de mi personalidad. A veces no es fácil vivir con una futura psicóloga.

Mi hermana opina que este lugar donde vivimos es muy ostentoso y que yo soy —o quiero ser— una yuppie. Es verdad que, comparado con el cuartito que compartíamos en Móstoles, este piso es un palacio. Y es cierto que soy una chica profesional; trabajo mucho. Pero no conduzco un BMW 320 (tengo un Seat) ni gano el dinero que ganan los verdaderos yuppies españoles.

¿Cómo es mi vida? Bueno, más o menos típica. Me gustan las fiestas, el teatro, el cine. Voy a los museos de vez en cuando. No tengo talento para pintar, pero me fascina el arte. Los museos que más frecuento son el Prado y el Centro de Arte Reina Sofía. Uno de los cuadros que más me conmueven[22] es el *Guernica* de Picasso. Cada vez que lo observo siento el impulso de ayudar a esa pobre gente que la obra muestra: víctimas de la guerra, ciudadanos de un pueblo indefenso. El *Guernica* es una

---

[20]*Sigmund Freud (1856–1939), Austrian psychiatrist who created psychoanalysis. He is well known for his theories of the subconscious and his ideas on the interpretation of dreams.* [21]*counselor* [22]*me... move me*

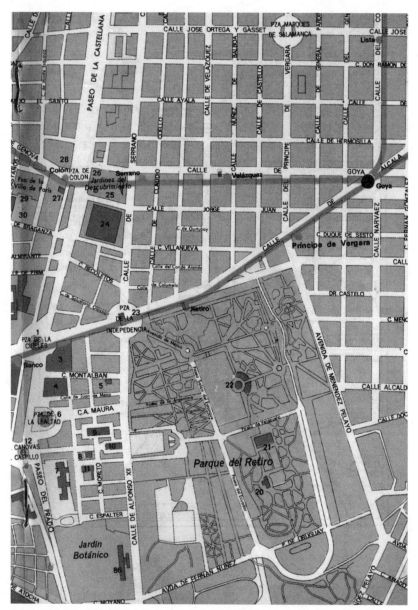

Detalle del plano de Madrid. Se ven aquí el Parque del Retiro, el Paseo de la Castellana y la Calle Alcalá, esquina con Goya, donde se encuentra el piso de Marisol.

imagen vívida del genocidio. ¿Cómo puede ser tan cruel el ser humano?

Pero, volviendo al tema de mi vida cotidiana... Los sábados, cuando hace sol, me agrada pasear por el Retiro con mi novio, Javier. Después del paseo, a veces nos tomamos algo en un sitio de buen ambiente, como el Café Gijón, mi predilecto.[23] Y por la noche vamos a bailar a alguna discoteca.

❀

Javier es periodista. Trabaja para uno de los periódicos españoles de más prestigio y ha ganado varios premios[24] por sus reportajes. Escribe sobre la vida cultural de España; de vez en cuando publica editoriales sobre la sociedad madrileña y también informa sobre eventos artísticos: teatro, cine, televisión. Sus artículos y opiniones son casi siempre interesantes. Sólo aburren un poco cuando Javier se pone a pontificar sobre «la persistencia del romanticismo en la cultura popular» y «la función vital del cortejo[25] en los años noventa». ¡Mi novio es un romántico incorregible!

Yo diría que Javier tiene algunas características típicas de periodista: es desordenado y fuma demasiado. En su escritorio hay siempre un montón de papeles, documentos y un cenicero repleto de colillas y ceniza.

Creo que la característica más atractiva de Javier es su sentido del humor. Puede hacerme reír en las situaciones más serias y dramáticas. No es sólo por su manera cómica de decir las cosas, sino también por los gestos que hace y la expresión pícara[26] de sus ojos. Sospecho que su fantasía secreta es ser comediante.

---

[23]*favorite*   [24]*awards, prizes*   [25]*courtship*   [26]*roguish, mischievous*

Como buen periodista, Javier ve el mundo —¡hasta nuestras relaciones!— en forma de titulares y noticias. Desde el día que nos conocimos, mi novio ha estado escribiéndome breves artículos que narran la evolución de nuestras relaciones; son como recuentos detallados de lo que hacemos.

El primero de sus mensajes —que casi siempre llegan en fax— tenía un título muy gracioso, CUPIDO ESTÁ VIVITO Y COLEANDO.[27] Y decía más o menos así...

Madrid (España Press) ¡Suceso extraordinario! ¿Quién se atreve[28] a decir que Cupido ya no existe? ¡El gordito está vivito y coleando! Tenemos pruebas recientes —y muy convincentes— de su existencia. Siga leyendo y ¡entérese!

Resulta que dos jóvenes, Marisol Guardiola y Javier López, se conocieron en una discoteca madrileña y sintieron el flechazo[29] del travieso angelito. El impacto de la flecha los dejó confundidos, pero también transformados por un sentimiento nuevo para ambos. ¡Amor a primera vista!

Los jóvenes bailaron toda la noche. Y quedaron convencidos de que lo que sentían el uno hacia el otro era pasión verdadera. Porque, de no ser pasión,[30] Marisol no hubiera podido soportar los pasos torpes[31] de Javier. El periodista confiesa: «Soy un bailador terrible, pero anoche bailé como todo un Fred Astaire». Ésta no es la opinión de su muy española Ginger Rogers, por supuesto. Marisol Guardiola confiesa: «Tengo los dedos de ambos pies hechos polvo.[32] ¡No voy a poder caminar bien en mucho tiempo!»

Lamentablemente, casi todas las canciones que pusieron en la discoteca eran movidas.[33] (Javier siempre se siente ridículo bailando la música de moda; se imagina a sí mismo dando saltos como un canguro hiperactivo.) Los

---

[27]VIVITO... *alive and kicking*   [28]se... *dares*   [29]*arrow wound*   [30]*de...
if it weren't passion*   [31]*clumsy*   [32]hechos... *all beat-up*   [33]*upbeat*

jóvenes enamorados pudieron bailar un par de baladas. Esta música suave y romántica fue un alivio; les dio la oportunidad de acercarse plenamente[34]... ¡Bailaron hasta las cinco de la mañana!

Después de la discoteca, fueron a un café de la Plaza Mayor para desayunar chocolate con churros. Pasaron la mañana caminando, tomados de la mano, por el Retiro. Y se despidieron con un beso, con la promesa de volverse a ver muy pronto...

¿Qué es lo que siento por Javier? Le tengo cariño y le admiro mucho. Me gusta estar con él. Conversamos sobre un sinfín[35] de temas, desde cuestiones de lenguaje hasta asuntos de historia y economía. A veces discutimos alguna obra de teatro o película. Para que Javier vaya a un museo, tengo que obligarlo. En general, a mi novio no le interesa mucho el arte; detesta toda la pintura contemporánea a partir del impresionismo. Dice que las obras surrealistas le dan náusea. ¡Y no soporta a Picasso!

Javier y yo nos queremos; de eso no hay duda. Somos buenos amigos. Tenemos gustos y creencias[36] un tanto diferentes, pero nuestras diferencias no parecen ser obstáculos insuperables. Al contrario, estimulan el diálogo.

¿Cuáles son nuestras creencias? Bueno, para empezar, mi novio cree en los eventos verificables de la historia; le apasionan los grandes acontecimientos, las noticias y las palabras que describen y documentan esas noticias.

Yo creo en la inteligencia artificial. Me fascinan los hologramas, los androides, los programas que reinventan la realidad en forma de imágenes. Creo en mí misma y en

---

[34]*fully*   [35]*un... a great many*   [36]*beliefs*

mi capacidad para entender el idioma de los ordenadores, para crear mundos y lenguajes nuevos.

Javier cree en la idea del matrimonio. Y cree sobre todo en nuestro amor.

Yo no estoy tan segura...

Desde el momento en que mis padres conocieron a mi novio, les pareció un chico ideal. Para ellos, Javier cumple con todos los requisitos; es majo,[37] caballeroso,[38] tiene un buen empleo y, lo más importante, me quiere mucho.

Mamá se preocupa por mí; ella piensa que una mujer sola es una mujer incompleta. No importa que tenga una carrera exitosa, que no necesite depender de nadie. No importa, porque para mi madre no hay recompensa más grande para una mujer que la de estar casada y tener hijos, una familia.

Nunca voy a poder aceptar que una persona relativamente joven como mi madre sea tan tradicional. Yo se lo he dicho varias veces: «¡Mamá, los tiempos cambian!». Pero ella se niega a escucharme. Obedece fielmente una tradición que se remonta a los tiempos de su tatarabuela.

«Ninguna mujer en su sano juicio[39] pone su profesión por encima de una vida más natural», dice mi madre, como pronunciando un estatuto.

---

[37]*handsome* [38]*gentlemanly* [39]sano... *right mind*

Mi padre no se involucra[40] mucho en mis asuntos personales. Es un hombre afectuoso, pero con poca gracia para expresar su cariño. Papá es fontanero[41] y ha trabajado mucho toda su vida. En Madrid, antes de mudarnos[42] a Móstoles hace ya más de quince años, trabajaba en la fontanería y además tenía que encargarse del edificio donde vivíamos. Papá era el portero.

Cuando nos mudamos para Móstoles, papá pudo realizar por fin su sueño de dedicarse solamente a la fontanería y de tener su propia casa. Gracias a sus esfuerzos — sus ahorros de años— pudo comprar un piso de dos dormitorios en un edificio subvencionado[43] por el gobierno. El edificio estaba a dos manzanas[44] de la plaza y en la esquina había un café con ambiente de familia. Era un sitio ideal.

Hoy Móstoles es casi un suburbio de Madrid. Pero por los días de nuestra llegada, el pueblo estaba relativamente alejado[45] de la metrópolis madrileña. Era una comunidad bastante nueva donde pasé una adolescencia feliz. Llegó un momento, sin embargo, cuando Móstoles me pareció demasiado pequeño, y empecé a planear mi salida del pueblo. Por fortuna, recibí una beca[46] del gobierno para estudiar informática en un instituto madrileño. Cientos de estudiantes estaban solicitando estas becas pero sólo unos pocos las conseguían. Gracias a mis buenas calificaciones,[47] yo fui una de los elegidos.[48]

Mis padres se alegraron mucho de mi triunfo académico, pero no me dieron permiso para mudarme a la

---

[40]no... doesn't get involved   [41]plumber (Spain)   [42]we moved   [43]subsidized   [44]blocks (Spain)   [45]far   [46]scholarship   [47]grades   [48]selected ones

capital, donde estaba el instituto. Tuve que viajar en autobús diariamente mientras estuve cursando mis estudios. Cuando terminé la carrera, conseguí empleo en el Centro de Informática Siglo XXI y pude por fin escapar. Mis padres protestaron cuando les anuncié mi decisión de irme a vivir a Madrid. Pero yo insistí. Necesitaba independizarme y mi sueldo me permitía tener mi propio piso.

Un día le propuse a Rocío venir a vivir conmigo y le encantó la idea. Papá y mamá se negaron a darle permiso, por supuesto. Rocío les explicó que sería un cambio beneficioso. ¿Qué tenía de malo que dos hermanas vivieran juntas? Nos ayudaríamos mutuamente, nos daríamos apoyo[49] y compañía.

Nuestros padres aceptaron, a regañadientes,[50] la mudanza de Rocío. Los pobres. ¡Se les fueron sus dos niñas!

❇

Javier me ha hecho la gran pregunta. Puedo imaginarme los titulares que ha estado inventando... MARISOL Y JAVIER UNIDOS PARA SIEMPRE... MARISOL Y JAVIER SON LOS ORGULLOSOS PADRES...

Primero me mandó, como de costumbre, un artículo:

Madrid (España Press) ¡Importante decisión de un periodista! El Sr. Javier López, madrileño de treintitantos años, cronista de la era de los yuppies, va a proponerle matrimonio a Marisol Guardiola, joven experta en cibernética y numerosos derivados del software...

¿Recuerda Marisol el momento mágico de su encuentro con Javier? Sin duda fue amor a primera vista, una

---

[49]*support*   [50]a... *reluctantly*

atracción que después se convirtió en cariño, respeto mutuo, admiración...

Han pasado varios meses desde aquella primera noche de baile y pasión. Por suerte, Marisol ya se olvidó del dolor de sus pies, víctimas de los pisotones[51] de Javier. Y también se olvidó del incidente en el café de la Plaza Mayor. (Javier se quemó la lengua con el chocolate y quedó casi mudo, sin poder decir una palabra por media hora.) Marisol tampoco recuerda que Javier tropezó[52] y se cayó en el lago del Retiro. (Siendo ella una excelente nadadora, se metió al agua y sacó al pobre Javier, ¡que estaba ahogándose[53]!) Luego el periodista pisó,[54] sin darse cuenta, los excrementos de un perro; se le impregnó un olor insoportable que le duró varios días...

Los jóvenes han tenido tiempo de conocerse; han llegado a entenderse. ¿Para qué esperar más? ¡Javier va a hacerle a Marisol la más importante de todas las preguntas!

¿Dirá ella que sí?

❋

Después del fax, Javier me envió un ramo de flores y una caja de bombones. Luego me invitó a cenar en un sitio de buen ambiente. Allí me mostró un anillo y me dijo:

—Quiero que te cases conmigo, Marisol.

Así dijo: *Quiero*. ¿Y yo? ¿No cuento? ¿Y qué pasa si yo *no* quiero?

No me sorprendió la propuesta[55] de Javier; en realidad la he estado esperando. Y aun así, no me sentí preparada para conversar abiertamente sobre el tema de nuestro posible casamiento.

---

[51]*stamps on the foot*   [52]*tripped, stumbled*   [53]*drowning*   [54]*stepped on*
[55]*proposal*

«¿Qué le digo?», me pregunté a mí misma. «¿La verdad? Sí, que no deseo casarme todavía, que quisiera realizarme profesionalmente primero, vivir un poco la vida. La verdad: que no sé si estoy enamorada».

Javier esperaba una respuesta inmediata, un *sí* apasionado. Y yo sólo pude decirle:

—Déjame pensarlo.

Capítulo 2

*L*a palabra *diario* no refleja bien lo que estoy escribiendo. Porque no apunto[56] cosas diariamente, sino cuando tengo el impulso. Pueden pasar días sin que yo escriba nada y luego, de pronto, lleno páginas en cuestión de minutos.

Quizás este cuaderno debería llamarse «Banco de datos». Eso es lo que es: mi *data bank*. Un archivo de información biográfica. Un banco de pensamientos y descripciones de mi vida, que en realidad es una vida bastante típica y normal.

❋

Me gusta la sensación de escribir a mano, de abrir este cuaderno de tapa[57] dura y ver mis pensamientos aparecer sobre la página. He estado usando ordenadores por muchos años, viendo mis palabras primero en una pantalla y luego, más tarde, en el papel de la impresora.[58]

La escritura a máquina es rápida y nos da una gran libertad, pero también nos convierte en escritores descuidados,[59] menos detallistas. El acto de escribir a

---

[56]no... *I don't jot down*   [57]*cover*   [58]*printer*   [59]*careless*

mano, en cambio, es un proceso lento y fatigoso, pero capta mejor los sentimientos complejos y las emociones.

Hacía tiempo que no sentía este contacto tan directo con las palabras, esta conexión entre mi cuerpo, mi mente y el texto.

Ayer salimos a cenar con Carmen Álvarez, una amiga de mi hermana. Carmen también estudia psicología y vive en el Colegio Mayor Juan XXIII, uno de los más populares de la Ciudad Universitaria. Rocío dice que Carmen es una buena chica. A mí me cayó muy bien.

Carmen insistió en invitarnos a comer en un restaurante que está de moda, el New Yorker. Durante la cena, nos contó que nació y se crió en Toledo, donde viven sus padres, y que es hija única. Estudia psicología más que nada porque le divierte. Por el momento no tiene planes de casarse, aunque sale con un chico muy interesante.

Le pregunté si no le molesta vivir en un colegio mayor,[60] con tantas reglas, y respondió que sí, que a veces le disgusta. El problema es que su padre no le quiere dar dinero para un piso. Le paga el colegio y la universidad, los gastos personales, pero no la deja vivir sola.

Carmen me hizo varias preguntas sobre mi profesión, sobre los últimos avances en el mundo de la informática, y

---

[60]colegio... *student dormitory (Spain)*

cómo se relaciona con su campo, la psicología. Escuchó mis respuestas atentamente, con una expresión muy seria. Y cuando terminé, se echó a reír. Su reacción me sorprendió. ¿Se estaba burlando[61] de mí? ¿Había dicho yo algo cómico?

—¡Escuchad mi predicción! —dijo Carmen, en tono de broma—. En un futuro cercano los psicólogos y los psiquiatras no van a tener trabajo.

—¿Y eso por qué? —le pregunté.

—¡Porque van a ser reemplazados por el software!

—Eso no va a ocurrir jamás —afirmó Rocío, forzando una sonrisa—. Yo siempre voy a tener trabajo. Conmigo no va a competir un ordenador.

—Tienes razón, Rocío —le dije—. Los programas nunca van a tener esa intuición tan humana que tienes tú.

—¡Habla la experta! —exclamó Carmen, riéndose.

—Puedes burlarte de mi hermana todo lo que quieras —dijo Rocío, a la defensiva—. Pero es la verdad: Marisol sabe mucho más que tú y yo sobre el futuro de los ordenadores.

—¡No lo niego! —respondió Carmen—. ¿Qué predices, Marisol? ¿Tendremos empleo los psicólogos «humanos»?

—Por supuesto que sí —dije, en broma—. ¡Alguien va a tener que curar la locura[62] de las máquinas!

—Hablemos en serio, Marisol —intervino mi hermana—. ¿Qué ves en el futuro?

—¡Chica! —exclamé—. No soy adivina.[63] ¡Quién sabe lo que va a ocurrir de aquí a cien años!

—Gracias por tu experta opinión —dijo Rocío, con sarcasmo.

---

[61]¿Se... *Was she making fun* [62]*madness, insanity* [63]*fortune-teller*

Mi hermana se notaba muy tensa. Me di cuenta, de pronto, de lo mucho que le perturbaba este tema. Quise calmarla, disipar su ansiedad y sus dudas. Traté de ofrecerle la explicación que quería escuchar.

—Vale,[64] vale —dije—. Hablemos en serio... Los ordenadores nunca van a poder imitar las experiencias y las grandes pasiones del ser humano.

—¡De acuerdo! —exclamó mi hermana. Yo continué:

—Es imposible que una máquina entienda el misterio de nacer y morir, de ser mortal, de amar...

—¡Chica! —expresó Carmen—. ¡Qué filosófica te has puesto!

—Esa es mi predicción —afirmé—. Los doctores de la mente nunca van a ser obsoletos.

—¡Bien dicho! —exclamó Rocío. Y agregó, entusiasmada—: El paciente siempre va a necesitar la sensibilidad de una persona real, de carne y hueso.[65]

—Sí. Pero cuidado, hermana —le advertí[66]—. Tienes que admitir que las máquinas compiten muy bien y tienen su atractivo; son eficaces, discretas, inteligentes...

—Y muy aburridas también —comentó ella.

—¿Aburridas? ¡Para nada! A mí me divierten muchísimo. En estos días precisamente estoy estudiando un programa de psicología fascinante.

—¿De psicología? ¡Cuéntanos! —me pidió Carmen.

—Bueno. Su nombre es *Psychology Software 2000*; le llamamos «PS» cariñosamente.[67] La función principal de PS es dialogar con la persona que lo use, y darle todo tipo de consejos.

---

[64]*OK, fine (Spain)*   [65]carne... *flesh and blood (lit. flesh and bone)*
[66]*I warned*   [67]*affectionately*

—¡Eso es fenomenal! —dijo la amiga de mi hermana.

—El programa es muy amistoso —continué—. Como diría mi jefe, es *user-friendly*. Además, puede responder a casi todo tipo de situación y conflicto. No he visto nunca un programa tan bien diseñado.

—Da miedo pensar que ya exista algo así —observó Carmen.

—Pero PS también tiene defectos y problemas.

—¡Nadie es perfecto!

—Si quieres —le dije— te muestro el programa un día de estos; así puedes pedirle consejos a PS.

—No, gracias —reaccionó ella—. No voy a confiarle mis secretos a una máquina.

—PS es muy discreto —le aseguré—. Y es capaz de analizar muchas formas de neurosis.

—¡No, gracias! —repitió.

—Pero, Carmen —dijo Rocío—. ¿Desconfías del software? ¿No les tienes confianza a los psiquiatras del futuro?

Carmen se echó a reír. Su risa era alegre y contagiosa.

—Así es —respondió—. ¡Al demonio con el software! Las máquinas nunca van a poder entender algo muy importante...

—¿Qué? —le pregunté.

—¡El misterio de ser mortal y amar!

—¡Por Dios, Carmen! —exclamé, también riéndome—. ¡Qué filosófica te has puesto!

Me divertí mucho en el Centro hoy. Estuve todo el día trabajando con el *Psychology Software 2000*, dialogando con su «Software Shrink». El programa PS utiliza el nombre *Software Shrink* para referirse a su memoria principal.

Esa palabra inglesa, *shrink*, me da mucha gracia. El verbo *to shrink* quiere decir literalmente «encoger». En este caso se refiere al acto de reducir los pensamientos del paciente a las ideas más básicas, para que así el psiquiatra pueda analizarlos. Pero la palabra también hace alusión a las tribus africanas que «encogían» las cabezas de ciertos individuos en uno de sus rituales (¡¿las cabezas de varios antropólogos?!). Según el inglés coloquial, el psiquiatra —*the shrink*— es un «encogedor de cabezas». Al curar, ¡lo que hace es reducir el cerebro de su paciente!

El cerebro de PS es el de un psicólogo hábil y amable: la más reciente innovación en el campo de la psicología programada. Sospecho que su diseñador fue un hombre, por el tipo de preguntas que hace a veces. Pero al preparar la subrutina en español, me he tomado la libertad de darle a PS una voz femenina; estoy mucho más a gusto dialogando con el programa si me imagino que es «mujer». En realidad éste es un cambio menor que muy poca gente notará, y que probablemente no altere mucho la memoria principal de PS.

La «psicóloga» del programa opina que una actitud positiva sobre nuestros «procesos vitales» es siempre productiva y que casi todos los traumas de la vida se originan en experiencias negativas de la infancia. PS tiene algunas imperfecciones; como por ejemplo, una tendencia exasperante a hacer preguntas. No tolera el lenguaje obsceno y sólo puede hablar inglés (por eso estoy analizando el programa e insertándole una subrutina en español).

A pesar de todas sus limitaciones, PS es una psicóloga muy profesional y competente. Trata, por todos los medios, de ayudar a su paciente. ¡Y nunca se cansa!

Incluyo aquí un fragmento de nuestro breve diálogo de hoy; es una muestra[68] de la subrutina que estoy diseñando.

Hola, PS. Soy Marisol Guardiola.
HOLA, MARISOL. ¿QUÉ TAL?
Muy bien, gracias. ¿Y tú?
EN PERFECTAS CONDICIONES.
¡Me alegro!
¿EN QUÉ PUEDO AYUDARTE?
En nada.
¿POR QUÉ TAN NEGATIVA?
No me siento negativa.
CUÉNTAME TUS PROBLEMAS.
Yo no tengo problemas.
¿QUÉ QUIERES DECIR CUANDO DICES QUE NO TIENES PROBLEMAS?
No quiero decir nada.
¿POR QUÉ ERES TAN NEGATIVA?
¡Basta ya!
¿QUIERES HABLAR DE TUS PADRES?
No.
¿POR QUÉ NO?
Simplemente porque no.
¿QUIERES HABLAR DE TU NOVIO?
¿Cómo sabes que tengo novio?
NO LO *SÉ*, REALMENTE. NO HAS ENTRADO NADA SOBRE ÉL EN MI MEMORIA. PERO DEDUZCO QUE UNA CHICA DE VEINTIOCHO AÑOS HA DE[69] TENER NOVIO…
Pues sí lo tengo; se llama Javier.
¿AMAS A JAVIER?
Sí, creo que le amo.
TRATA DE DESCRIBIR LO QUE SIENTES. ¿QUÉ SIGNIFICA PARA TI *AMAR*?

---

[68]*sample*   [69]HA… *MUST*

¡Olvídalo! No tengo ganas[70] de hablar de ese tema en este momento.
¿PREFIERES HABLAR DE TUS PADRES?
Ya te dije que no.
HABLEMOS DE TI, ENTONCES.
¡Qué aburrido!
¿DESEAS TERMINAR NUESTRO PROCESO?
Sí. ¡Hasta pronto, PS!

Hoy hizo mucho frío; fue un día largo y gris. Típico invierno madrileño. Me sentí cansada en el trabajo, sin deseos de hacer nada. Es cierto que me gusta mi empleo. Pero hay días en que no quiero estar en el Centro ni un segundo.

No debería quejarme.[71] Me llevo bien con todos mis compañeros y el jefe es buena persona, aunque me fastidia su insistencia en utilizar siempre la terminología del idioma inglés. Él dice que el inglés es una de las lenguas principales de la informática. Muchos de nuestros productos —explica el jefe— vienen de los Estados Unidos y no debemos perder tiempo en «españolizar» su lenguaje. Yo no estoy de acuerdo. Todas las palabras extranjeras pueden y deben tener su equivalente en nuestra lengua.

Sí, me gusta mi trabajo. Pero a veces lo detesto. A veces me deprime[72] llegar al final de un día, como éste que tuve hoy, y descubrir que he pasado diez horas sola con una máquina, que no he hablado con nadie, y que sólo me he comunicado con un cerebro artificial. Y me entristece pensar que mañana será igual, porque para eso me pagan tan buen sueldo.

---

[70]No... *I don't feel like*   [71]*complain*   [72]me... *it depresses me*

En días como el de hoy, me pregunto si mi vida va a estar siempre repleta de símbolos en la pantalla[73] de un ordenador. Me perturba la idea de que en un futuro sólo pueda hablar de unidades principales *(mainframes)*, de memoria principal *(main memory)* y microplaquetas *(microchips)*, de soportes lógicos *(software)* y subrutinas *(subroutines)*, osciladores, simuladores...

En días como hoy, fríos y grises, me pregunto cómo será el futuro de la raza humana. En realidad no estoy tan segura de lo que le dije a Carmen... *Los doctores de la mente nunca van a ser obsoletos.*

¿Llegaremos a depender totalmente de la tecnología? ¿Se llenará el mundo de hologramas? ¿Viviremos en una realidad hecha de imágenes?

¡Qué filosófica me he puesto!

---

[73] *screen*

El Paseo de la Castellana, donde está el Centro de Informática Siglo XXI, es uno de los grandes bulevares de Madrid.

La Calle de Alcalá es una de las más largas de Madrid y termina en el centro, en la Puerta del Sol.

La Facultad de Filosofía y Letras en la Universidad Complutense. La Complutense se encuentra en la Ciudad Universitaria.

El Prado, importante museo español inaugurado por el rey Fernando VII en 1819. El Prado tiene pinturas españolas de los siglos XII al XVIII. En esta foto se ve la estatua del pintor Diego Velázquez a la entrada del museo.

Guernica, la obra maestra de Pablo Picasso. Exhibido por primera vez en París en 1937, este cuadro muestra la agonía de las víctimas de un bombardeo. El cuadro denuncia este acto contra la indefensa población civil del pueblo más antiguo de los vascos, símbolo de toda nación destruida por la guerra.

El Retiro es el parque más grande y popular de Madrid. Se conoce por sus arboledas, lagos, jardines y estatuas. Aquí se ven uno de los lagos y el monumento a Alfonso XII.

El Café Gijón ha sido un centro social y artístico para las figuras literarias más importantes del siglo XX. Hoy día sigue siendo un lugar muy popular, bastante yuppie, siempre lleno de gente.

La Plaza Mayor en Madrid. Este popular sitio data del siglo XVII. Es una plaza cuadrada y rodeada de edificios antiguos; adentro hay cafés y diferentes tipos de entretenimiento. Alrededor de la plaza se encuentran los famosos mesones, conocidos por su alegre vida nocturna.

El cuarto de las
simulaciones

Capítulo 1

Pronto será primavera, la estación más agradable del año en Madrid. El otoño también es muy hermoso en esta ciudad. Los atardeceres[1] del otoño son serenos y dulzones,[2] especialmente cuando llueve por las tardes. Los árboles siempre adquieren un color miel intenso.

No me gusta para nada el invierno, y el verano simplemente lo tolero. Son los dos extremos. Tiene mucho sentido el dicho madrileño con respecto al clima: «tres meses de invierno y nueve de infierno». Por suerte, las estaciones no han sido muy crudas[3] en los últimos años.

En fin, que espero la llegada de abril. Sé que nos traerá días de luz y cielos azules.

Carmen nos ha invitado a una fiesta. Llamó hoy lunes y nos dejó un mensaje en el contestador automático[4]: *¡Fiesta el sábado! Es en casa de mi novio Alfonso. Las dos estáis invitadas. ¡Os prometo que va a ser total[5]!*

---

[1]*evenings, dusk* [2]*soft* [3]*harsh* [4]contestador... *answering machine*
[5]*a blast, great (Spain)*

—Yo no voy a poder ir —dijo Rocío de inmediato—.
Tengo mucho que estudiar.

—¿Vas a estudiar un sábado por la noche? —le pregunté.

—Sí —respondió—. Quiero estar bien preparada
para los exámenes.

Nunca he visto a mi hermana tan renuente[6] a ir a
una fiesta. Me pregunto si ha pasado algo entre ella y Carmen, un altercado[7] tal vez. O quizás esté de verdad preocupada por sus exámenes. Después de todo, sus estudios
son mucho más importantes que una noche de baile y diversión.

Hoy martes llamé a Carmen antes de salir para el trabajo.
Me contó que ella y su novio han invitado sólo a un grupo
selecto de gente a la fiesta: algunas chicas del colegio y
varios amigos de Alfonso.

Le informé que mi hermana no va a poder ir. Carmen reaccionó con una sola frase, «¡Qué lástima!», y en
seguida me invitó a desayunar mañana con su novio.

—Quiero que le conozcas antes de la fiesta —me dijo.
Y luego me lo describió como «un hombre muy majo y
muy enigmático». Este hombre tan majo, Alfonso Navarrete, tiene una casa en Argüelles donde vive solo. Según
Carmen, su novio prefiere esa zona de la ciudad, donde
hay tantos estudiantes, porque le gusta estar cerca de
gente joven.

Alfonso no trabaja, por lo cual Carmen supone que es
rico. Ella sospecha que desciende de aristócratas, aunque

---

[6]*reluctant* [7]*argument*

él no le ha mencionado ningún título. Su afición es viajar; y también le gusta coleccionar arte.

Tengo curiosidad por conocerlo.

Es la tarde del miércoles. Esta mañana me encontré con Carmen y Alfonso en el Gijón. Llegué tarde al trabajo, por supuesto. (Y ahora estoy apuntando mis ideas cuando debería estar trabajando en alguna subrutina. ¡Que se espere el Centro!).

Alfonso es alto; tiene el pelo castaño y rizado. Es fornido[8] pero no exageradamente musculoso; de hecho, hay algo hasta femenino en sus gestos, una mezcla de ternura y fuerza. Alfonso tiene una mirada penetrante, ojos negros muy grandes. Viste con elegancia: chaqueta y corbata, capa[9] y guantes. Su estilo es un poco anticuado. ¿Qué edad tendrá Alfonso? Yo diría que no llega a los cuarenta; cuando se ríe parece un adolescente.

Estuvimos dos horas conversando. Alfonso me hizo muchas preguntas y yo, como siempre, hablé demasiado. Carmen estuvo muy callada; tan silenciosa se mantuvo[10] que parecía no estar allí con nosotros.

Debo admitir que Alfonso es guapo; se nota que está muy consciente de su apariencia. Me molestaron ciertas cosas de él. No sé cómo explicarlo. Quizás lo más perturbador fue la manera en que me miraba...

Jueves. Me pasó algo muy raro en el Centro esta mañana. Estaba trabajando en el PS2000 cuando noté, de pronto,

---

[8]*strong, robust*   [9]*cloak, cape*   [10]se... *she kept, stayed*

una irregularidad en la memoria dinámica. No le hice caso[11] y seguí trabajando. Segundos después apareció una palabra en la pantalla del ordenador: BIENVENIDA.

Traté de volver a la subrutina, pero no tuve éxito. El PS2000 no me quería dar entrada a su memoria principal. Y la palabra seguía allí, en letras enormes: BIENVENIDA.

Desactivé el sistema y cuando volví al programa, minutos después, la palabra ya no estaba. Y no volvió a aparecer.

¿Será esto un virus?

Viernes. Casi medianoche. Estoy cansada y con sueño, pero tengo ganas de escribir. ¡Hay mucho que contar! Esta mañana nos despertó el timbre de la puerta. Era muy temprano. Nos levantamos, medio dormidas, sin poder imaginarnos quién quería vernos a esas horas.

—¿Quién es? —preguntó Rocío. Hubo silencio. Entonces hice yo la pregunta:

—¿Quién está ahí? —Y para mí sí hubo una respuesta. La voz profunda de Alfonso inundó la calma de la mañana.

—Soy yo —dijo—. Os traigo el desayuno.

En efecto, Alfonso nos traía una cesta repleta de frutas, medialunas,[12] pan y mermeladas. Pidió disculpas por habernos despertado, y nos informó que no podía quedarse a desayunar con nosotras.

—He venido porque quería conocer a Rocío —dijo. Y le besó la mano a mi hermana. Ella recibió el gesto con disgusto, sin decir nada.

---

[11]No... *I didn't pay attention to it*   [12]*croissants*

—También os quería invitar personalmente a mi fiesta —agregó Alfonso, besándome a mí en la mejilla—. ¿Pensáis ir?

—Sí —respondí.

—Yo no —contestó Rocío.

Alfonso miró a mi hermana fijamente. Ella se enfrentó con rebeldía a sus ojos. Pasaron los segundos, largos y densos. Aquellas miradas parecían estar en guerra; Alfonso y Rocío se observaban como dos contrincantes.[13] Enemigos silenciosos.

Fue Alfonso quien rompió el hielo, diciendo:

—Bueno, me marcho.

Al despedirse, reiteró su deseo de que las dos fuéramos a su fiesta.

—¡Buen provecho! —dijo finalmente, apuntando hacia la cesta. Y se fue.

❀

Mi hermana no probó ninguno de los regalos de Alfonso, ni siquiera el croissant, que es su debilidad.[14] Yo, en cambio, disfruté del banquete. Por lo general no tengo mucha hambre en la mañana, pero al ver aquella abundancia de pan recién horneado, se me abrió el apetito.

Rocío se sentó a mi lado, tomándose un café, y me miró comer. Después de unos minutos, dijo:

—Yo no voy a esa fiesta.

—¡Ya lo sé! —reaccioné, irritada por su insistencia.

—Pero no te he dicho la razón verdadera.

—¿Y cuál es?

—No quiero hacer vida social con esa gente.

---

[13]*rivals* [14]*weakness*

—¿Por qué no?

—Porque viven en un mundo muy diferente al nuestro.

—Explícate. No sé lo que quieres decir. ¿Sabes algo de Carmen que yo no sepa? Tú le conoces mejor que yo. ¿Hay algo de ella o de Alfonso que debo saber?

—Ese hombre me da mala espina,[15] Marisol.

—Pues yo le encuentro muy guapo.

—¡Y muy raro también! —exclamó Rocío.

—¿No te parece un gesto de amabilidad que nos haya traído el desayuno?

—Me parece un insulto.

—No entiendo por qué estás tan molesta. Anímate, chica. ¡Vamos a la fiesta!

—Ya te he dicho que no. Y tú tampoco deberías ir.

—¡Qué misteriosa eres, Rocío!

—El misterioso es ese hombre. ¡Tiene pinta[16] de drogadicto!

—¿Es ésta otra de tus intuiciones?

—Sí... Hazme caso, Marisol. No vayas a esa casa.

—¿Pero por qué no?

—No sé...

—Si me ofrecen drogas, simplemente las rechazo[17] como he hecho en otras fiestas. Nadie puede obligarme a hacer nada que yo no quiera hacer.

—Yo no estoy tan segura de eso.

—¡Qué poca confianza tienes en mí!

—No desconfío de ti, Marisol, sino de ese hombre. Tengo un presentimiento[18]...

—¡El sexto sentido de Rocío!

---

[15]mala... *bad feelings, vibes*   [16]*appearance, veneer*   [17]las... *I turn them down*   [18]*foreboding, premonition*

—No te burles.

—A veces me canso de tus intuiciones, hermana.

Javier me ha estado llamando. Ha dejado varios mensajes en el contestador que yo no he devuelto. Siempre dice lo mismo, que me extraña[19] y quiere verme.

Esta situación me apena mucho, pero... es que no sé qué decirle. No puedo darle la respuesta que él quiere; el matrimonio no me interesa en este momento.

¿Qué voy a hacer si un día de éstos mi novio se aparece aquí con un ramo de flores?

Debo hablar con él pronto.

Sábado. Son las once de la mañana y estoy escribiendo en la cama. No siento el menor deseo de levantarme. Esta semana he escrito mucho en el cuaderno; pronto tendré que comprar otro.

Hace una hora hablé con Javier. Lo llamé en cuanto me desperté. Se le escuchaba muy contento al comienzo de la conversación; pero cuando notó mis largas pausas, se puso tenso. Yo no encontraba la manera de expresar mis emociones. Por fin le dije:

—Javier... necesito estar sola por un tiempo.

—¿Te he ofendido de alguna manera, Marisol? ¿Te he herido?[20]

—No.

—¿Hay algo de mí que te molesta?

---

[19]me... *he misses me*   [20]¿Te... *Have I hurt you?*

—Bueno, sí hay algo…

—Habla, por favor.

—Es que… tomaste la decisión de casarte conmigo, me compraste un anillo, me propusiste matrimonio. Pero…

—¿Sí?

—En ningún momento consideraste mis deseos. Nunca hablamos del tema… Expresaste lo que *tú* querías, nada más.

Hubo un silencio. Luego él dijo, apenado:

—Asumí que también tú querías nuestra unión, Marisol.

—No debiste asumir nada.

—Empecemos de nuevo, entonces. Olvídate de lo ocurrido…

—Trataré, Javier.

—Soy capaz de cambiar…

—No, no voy a pedirte que cambies.

—Mi propuesta sigue en pie, Marisol… ¿Quieres casarte conmigo?

—No sé.

—Está bien. No hay prisa ninguna. Piénsalo.

—Te prometo que lo haré.

—Podríamos vernos de vez en cuando, ¿no?, tomarnos un café, salir a bailar…

—Mejor no, Javier, por el momento…

—Entiendo —dijo él, adolorido—. Parece que quieres romper.

—Yo no he dicho eso.

—¿Has conocido a alguien… ?

—No, Javier.

—Te extraño mucho, Marisol.

—Y yo a ti. Pero es sólo por un tiempo.

—Si algún día tienes ganas de hablar, llámame.

—De acuerdo.

Y así terminó todo, por el momento.

❈

Qué bien se siente estar en la cama, arropadita.[21] Me encantan las mañanas cuando no tengo que ir al Centro.

Voy a quedarme aquí un rato más y luego daré un largo paseo por el Retiro. Todavía hace un poco de frío, pero pronto llega abril con su promesa de sol y vida. El parque empieza a verse muy hermoso; están renaciendo las flores y el verde de los árboles.

Esta noche pienso divertirme mucho en la fiesta de Alfonso.

---

[21]*bundled up, tucked in*

Capítulo 2

Hace ocho días que no escribo nada en mi cuaderno. Me fue muy difícil concentrarme en el trabajo esta semana. Es que no he hecho más que pensar en la fiesta.

Trataré de poner en orden los sucesos[22] de esa noche. Eso me ayudará quizás a entender lo que siento.

Me compré un vestido nuevo para la ocasión, un modelo de moda y perfecto para el comienzo de la primavera. Era largo, amplio, color crema; sencillo pero elegante. Decidí llevar zapatos planos,[23] muy cómodos, tipo bailarina. Y me hice un moño[24] al estilo flamenco en el cabello. Me sentía bien, de buen ánimo.

Llegué a la mansión de Alfonso temprano, a eso de las nueve, y me sorprendió encontrar ya mucha gente. Carmen y Alfonso se me acercaron. Ella me abrazó y me dio los dos besos acostumbrados.[25] Él me susurró[26] al oído: —Bienvenida, Marisol.

---

[22]*events* [23]*flat* [24]*bun* [25]*los… the usual two kisses (common form of greeting in Spain)* [26]*whispered*

Carmen estaba muy guapa. Su cabello negro le caía sobre los hombros, suelto, ondulado. Llevaba poco maquillaje y se veía muy natural; los ojos le brillaban, enormes, de largas pestañas. Su vestido azul escotado[27] le quedaba perfectamente ajustado al cuerpo.

«Mi amiga tiene muy buen gusto», pensé. Alfonso, en cambio, era la imagen del efecto exagerado. Parecía estar disfrazado para un carnaval. Quise ubicar[28] su estilo. ¿Siglo diecisiete, dieciocho? ¡Quién sabe! Llevaba pantalones negros muy apretados, como mallas,[29] camisa blanca de muchos volantes[30] y una chaqueta color púrpura con pliegues[31] en los hombros.

—Ven, quiero mostrarte mi casa —me dijo Alfonso.

Carmen preguntó: —¿Puedo acompañaros?

Él la miró muy serio, casi con desprecio.

—No —respondió—. Quédate aquí atendiendo a los invitados.

—¡Deja que vaya con vosotros! —Carmen insistió.

Yo intervine, queriendo evitar una pelea entre los novios.

—Mejor me mostráis la casa más tarde —dije.

—¡Vamos, Marisol! —ordenó Alfonso, molesto, tomándome la mano. Y yo no supe qué decir.

Nos fuimos, dejando atrás a Carmen.

❋

Como ya dije, Alfonso vive en Argüelles; desde afuera su casa parece una de esas mansiones abandonadas de las películas de terror. Tiene un hermoso jardín, sin embargo,

---

[27]*low-cut*   [28]*to place, locate*   [29]*tights*   [30]*ruffles at the wrist*   [31]*pleats*

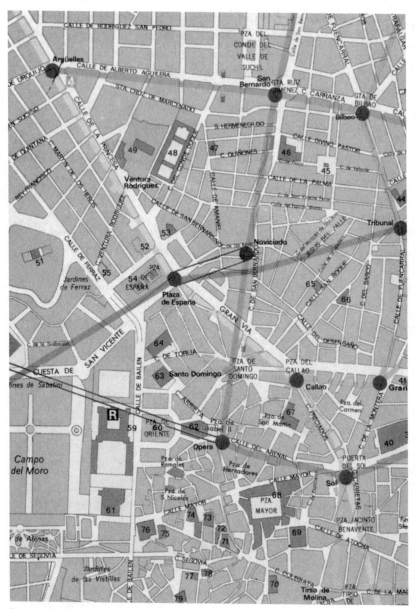

Detalle del plano de Madrid. Al lado izquierdo, arriba, se ve la zona de Argüelles.
Abajo y a la derecha está la Plaza Mayor.

que alegra bastante el lugar. La casa abarca un amplio terreno de una media hectárea más o menos, y está protegida por una frondosa arboleda.[32]

El interior de la casa es espacioso: dos pisos, siete dormitorios. Tiene diferentes ambientes y estilos. La sala, por ejemplo, está amueblada al estilo barroco,[33] pero la cocina parece estar sacada de los años veinte, puro *art deco*.[34] La luz en todos los cuartos es tenue[35] y algo azulada; penetra cada rincón completa pero indirectamente. Las paredes están cubiertas de una variedad sorprendente de arte: obras cubistas, cuadros abstractos, impresionistas; lánguidos paisajes[36] del período romántico.

Mientras seguía a Alfonso por pasillos y habitaciones, me di cuenta que en aquella mansión no había sirvientes; o por lo menos yo no había visto ninguno.

—¿Cómo proteges tu colección de arte? —le pregunté.

—Mi casa está bien protegida —respondió mi anfitrión[37]—. Aquí no entra nadie que no sea invitado por mí.

Al terminar la gira[38] por la mansión, Alfonso me tomó la mano y me llevó al patio. Allí descubrí otro jardín lleno de las rosas más grandes que he visto en mi vida, todas rojas y de un intenso aroma. Había también una fuente y varios bancos de mármol. Alfonso me invitó a sentarme en un banco.

---

[32]frondosa... *lush grove of trees*   [33]estilo... *style of art and architecture from the early 17th to mid-18th century. The baroque style is characterized by abundant decoration, curvilinear shapes suggesting movement, and a predilection for the dramatic.*   [34]*decorative art style developed in the 1920s and characterized by geometric motifs and sharp outlines. Its name is shortened from Exposition Internationale des Arts Décoratifs, an exhibition held in Paris in 1925.*   [35]*dim, soft*   [36]*landscapes*   [37]*host*   [38]*tour*

—Me fascina contemplar el agua cristalina de la fuente —me dijo—. Mira el agua, Marisol. Es tan diáfana[39] como la luz.

Me sentí adormecida por la voz de Alfonso, seducida por sus palabras y por la visión de la fuente y las rosas. De pronto, su brazo me cubrió los hombros, suavemente. Aquel gesto era un acto prohibido. ¡Me estaba dejando tocar por el novio de mi amiga! Alfonso y yo no debíamos estar así, tan cerca y tan íntimos. Pero la verdad es que me gustaba tener su brazo sobre mí…

Por fin, después de largos minutos, me puse de pie.

—Volvamos a la fiesta —dije, incómoda—. Quiero conversar con Carmen.

—Más tarde —respondió Alfonso—. Primero déjame llevarte al rincón más impresionante de mi casa.

Y me guió hasta un pequeño y viejo edificio que está más allá del patio.

—Bienvenida al cuarto de las simulaciones —dijo Alfonso mientras abría la puerta.

El «cuarto de las simulaciones» no contiene muebles, sólo almohadones[40] y tapices.[41] Las paredes, como todas las de la casa, están repletas de arte. Hay sólo una obra que sobresale[42] entre tantos cuadros desconocidos: *La persistencia de la memoria* de Salvador Dalí. El cuadro siempre me ha gustado, pero al ver esta réplica en el cuarto de Alfonso, me llenó de aprensión. Percibí la obra con desconfianza. Aquellos relojes dormidos, fláccidos, vacíos de vida, me

---

[39]*transparent* [40]*cushions* [41]*tapestries* [42]*stands out*

parecían el presagio[43] de algo; eran la imagen muerta de un tiempo sin tiempo.

Se me ocurrió que quizás Alfonso compraba y vendía obras de arte —muchas réplicas geniales— ilegalmente; de esa manera había amasado una fortuna.

—Es mi colección personal —comentó Alfonso, al notar que yo observaba los cuadros—. La comparto sólo con los invitados especiales, personas que entienden de arte, como tú.

—Yo no sé mucho de arte —le aclaré—. No he estudiado...

—Pero has aprendido visitando los museos, ¿no es cierto?

—¿Cómo sabes eso?

—Sé muchas cosas de ti.

—¡Ya veo!

—¿Te gusta el arte que ves aquí? —me preguntó, apuntando con ambas manos a las paredes.

—La verdad, no —le respondí honestamente—. Todo está demasiado mezclado.[44] Hay tantos estilos diferentes. La impresión que da el lugar es de caos.

—Te confieso que este lugar refleja mi vida. Sí, ha sido una vida caótica...

—Mira, Alfonso —interrumpí—, no creo que deba yo estar aquí escuchándote hablar de cosas personales. Regresemos a la fiesta, por favor.

—Todavía no. Quiero mostrarte mi última adquisición, un cuadro que acabo de comprar. Es de un artista desconocido[45]...

Alfonso retiró las cortinas que cubrían una de las paredes y desplegó un lienzo[46] enorme. Era un cuadro al

---

[43]*omen, foreboding*   [44]*mixed*   [45]*unknown*   [46]*canvas*

estilo impresionista que mostraba múltiples imágenes de mujeres jóvenes, semidesnudas, todas en poses sensuales. El trasfondo[47] era un hermoso paisaje: un campo verde lleno de luz.

—Típica fantasía masculina —observé, sintiéndome insultada por aquellas imágenes.

Alfonso me tocó levemente los labios con su dedo índice.

—Esas mujeres son objetos de arte —murmuró.

—Pero objetos de todos modos —afirmé. Y de pronto vi que aquellas mujeres se transformaban. Eran, en un instante, ¡nubes! Nubes blancas y nubes grises, nubes negras cargadas[48] de lluvia, nubes sobre la cima de una montaña. Y dentro de aquella tormenta de nubes vi emerger la forma de unos ojos, una boca, una nariz, la figura completa de una cabeza humana, su mirada... ¡Era la mirada de Alfonso!

Sufrí un leve mareo,[49] como un vértigo. Cerré los ojos y oí las palabras...

—Cada cual ve lo que quiere ver, Marisol.

Traté de abrir los ojos, pero no pude.

—¡Lo único que yo quiero es volver a la fiesta! —grité. Y entonces pude recuperar la visión. ¡Qué sorpresa me esperaba! Ya no estaba en el estudio de Alfonso, sino en la sala con los invitados. La voz de mi anfitrión repercutía[50] en mi cerebro... *Cada cual ve lo que quiere ver...*

«Este hombre», pensé, fascinada, «me ha transportado de un cuarto a otro en cuestión de segundos. ¡¿Cómo lo hizo?!»

—Aquí estás, en la fiesta. Eso es lo que querías —dijo Alfonso—. ¿O no?

---

[47]*background*   [48]*laden*   [49]*dizziness, fainting spell*   [50]*resounded*

—¿Cómo lo hiciste? —le pregunté—. ¿Cómo es que llegué aquí sin haberme movido?

—Voy a traerte algo de beber —respondió él, no haciendo caso de mi pregunta—. Te recomiendo el «cóctel especial de la casa».

Segundos después me ofreció una copa rebosante[51] de un líquido color violeta. Lo probé; tenía un sabor dulce a ron y a canela. El trago estaba tan sabroso que me tomé varios sorbos.[52]

Empezó a escucharse una melodía lejana. La voz tranquila de una mujer estaba tarareando[53] una canción de cuna.[54] La música aumentó gradualmente. El ritmo era movido; estaba marcado por los golpes sincopados[55] de una batería[56] y suavizado por los violines de un sintetizador. La canción tenía, por momentos, cierta influencia árabe. No había armonía entre la orquestación —que era alegre, moderna— y la voz tierna y doliente[57] de la cantante.

Miré a mi alrededor.[58] Alfonso ya no se encontraba a mi lado. Lo busqué por todas partes. Lo llamé, pero no aparecía. ¿Y dónde estaba Carmen? A ella tampoco podía verla.

Alguien me ofreció otro trago,[59] pero no lo acepté. No quería beber más. Algo inexplicable me estaba pasando y yo tenía que mantenerme lúcida, en control de la situación.

Me di cuenta, entonces, que en aquella casa no había hombres. Todos los invitados eran mujeres jóvenes. ¡Las mismas mujeres del cuadro enorme en el estudio de Alfonso!

---

[51]*overflowing* [52]*sips* [53]*humming* [54]canción... *lullaby* [55]golpes... *syncopated beat* [56]*drums* [57]*sorrowful* [58]a... *around me* [59]*drink, cocktail*

Carmen apareció por fin y me alivió mucho verla. Ella era la única persona real en aquel lugar. Las otras invitadas y Alfonso me parecían fantasmas, hologramas intangibles.

—¿Te estás divirtiendo? —me preguntó Carmen. Su voz era firme, familiar.

—No... no mucho —le confesé.

—¡Qué pena, chica! ¡Es que la música está fatal[60]!

Decidí en ese momento inventar cualquier excusa para irme. Quería salir de allí inmediatamente. Tenía el presentimiento de que algo terrible me iba a ocurrir.

—Mira, Carmen, lo que pasa es que no me siento bien. Creo que me voy a casa.

—¿Tan temprano?... Ven, te presento a mis amigas.

—Mejor no —reaccioné—. Es que me duele la cabeza.

—Salgamos un rato. El aire fresco te hará bien.

—No. Mejor me voy, Carmen.

—Nada de eso. Ven conmigo. Ya verás cómo te animas.

Salimos al patio, donde antes habíamos estado Alfonso y yo, y me sentí culpable. Allí, en aquel mismo jardín, me había dejado abrazar por el novio de mi amiga. Y lo peor es que no había podido evitarlo.

Nos sentamos en un banco. En la casa se escuchaba todavía aquella canción misteriosa.

—¡Qué música horrenda! —expresó Carmen—. No sé de dónde saca Alfonso esas canciones tan raras. ¿Quién puede bailar con ese ritmo? ¡Para mí sin baile no hay fiesta!

---

[60]*awful (coll.)*

Carmen hizo, de pronto, un gesto inusitado.[61] Movió la cabeza varias veces, sacudiéndose,[62] como queriendo callar un ruido interior. El extraño movimiento la dejó muy despeinada. Trató, lentamente, de arreglarse el pelo con las manos. Tenía los ojos fijos en la fuente.

—¿Te pasa algo? —le pregunté—. ¿Estás bien?

—¡Claro que estoy bien! —respondió.

Pero yo no podía creerle. Mi amiga había sufrido un cambio repentino.[63] Se veía agitada, nerviosa; las manos le temblaban y se había puesto muy pálida.

—Sabes, Marisol… —dijo con una voz plana, sin matices[64]—. Creo que voy a dejar el colegio. Quiero venir a vivir aquí, con Alfonso.

—¡Estás bromeando[65]! —reaccioné, sorprendida—. ¿Hablas en serio?

—Muy en serio —dijo ella, frotándose las manos temblorosas.

—Y tu padre… ¿va a permitir eso?

—No me importa lo que piense mi padre, porque adoro a Alfonso.

—¿Y tus estudios?

—Ya no me interesa la psicología. Esto me ha pasado antes, ¿sabes? Empiezo a estudiar algo y luego me canso, me aburro.

—¿Vas a dejarte mantener por Alfonso?

—¿Por qué no?

—No sé, Carmen. A mí no me gustaría tener que depender tanto de un hombre.

—Así pensaba yo… hasta que conocí a Alfonso. Por él soy capaz[66] de cualquier cosa.

Aquella frase me perturbó: *capaz de cualquier cosa.*

---

[61]*unusual* [62]*shaking herself* [63]*sudden* [64]*nuances* [65]*joking* [66]*capable*

«¿Capaz de qué?», me pregunté a mí misma. «¿Capaz de anular[67] tu identidad? ¿de ser esclava, objeto?» Y pensé: «¡Nadie se merece tal devoción! Mucho menos este mujeriego.[68] Es cierto que Alfonso tiene algo especial, una manera de tocar, de hablar... Es seductor en todos los sentidos de la palabra. ¡Como un típico don Juan!»

—Piénsalo un poco, Carmen —le pedí—. Quizás debas terminar tus estudios primero, y luego...

—¿Te gustó la casa? —me interrumpió.

—No sé. Es tan grande —le dije.

—¿Alfonso te mostró su estudio?

—Sí... un cuarto muy extraño...

—Toda la casa es extraña —dijo Carmen, poniéndose de pie—. Pero ya te acostumbrarás.[69]

—¿Acostumbrarme? ¿A qué?

—No me hagas caso —respondió ella, mientras caminaba de regreso a la fiesta—. Vamos. ¿Se te quitó el dolor de cabeza?

—Sí, pero no voy a beber más.

—Vale, aunque debo aclararte que el «cóctel de la casa» sólo lleva un poquito de ron... ¡Vamos! ¡Tengo ganas de bailar!

✳

Entramos. La música, por suerte, había cambiado. Ahora sonaba una canción de rock muy alegre. Había llegado más gente y casi todo el mundo estaba bailando. Me

---

[67]*erasing, depriving (you) of*   [68]*womanizer*   [69]*te... you'll get used to it*

agradó ver a varios chicos entre los invitados. Uno de ellos me sacó a bailar y yo acepté. Mientras bailaba con aquel desconocido, observaba a Carmen y Alfonso, que se movían frenéticamente al ritmo de la música.

Fue entonces cuando ocurrió el segundo suceso misterioso de la noche. Noté que la cara del chico que bailaba conmigo se estaba transformando; por momentos se desenfocaba,[70] como una imagen en la pantalla de un televisor. Y cada vez que volvía a enfocarse se parecía más y más a otra persona. ¿Pero a quién? Por fin descubrí, estupefacta, ¡que su cara era la misma de Alfonso!

La música seguía, estruendosa.[71] Alfonso, quien bailaba ahora conmigo, me estaba hablando pero yo no le entendía. Sólo podía escuchar los golpes de aquella canción. Y sentía otra vez el vértigo, la sensación de estar cayendo en un pozo sin fondo.[72]

La música cambió otra vez. Se hizo suave, sinfónica; me impulsaba a danzar. ¿Quién me guiaba en esa deliciosa danza? Los brazos de Alfonso en un salón espectacular. Solos él y yo. Sus palabras, musicales, llegaban a mis oídos…

—Llevo mucho tiempo buscándote…

Sus labios se acercaron a los míos. Percibí su aliento,[73] el calor de su respiración.

—Por fin te he encontrado —dijo.

Sus brazos me cubrieron por completo, apretándome[74] con fuerza. No podía moverme. Estaba subyugada por aquel cuerpo y aquellos labios. Me sentí como una pluma pequeña que Alfonso acariciaba,[75] una masa sin forma que él moldeaba y luego devoraba.

---

[70]se… *it went out of focus*   [71]*thunderous, deafening*   [72]pozo… *bottomless pit*   [73]*breath*   [74]*squeezing me*   [75]*was caressing*

Las invitadas nos rodearon;[76] murmuraban algo...
¿Bienvenida? Luego Alfonso les habló, como pronunciando una sentencia...

—Porque cada una de vosotras es uno de mis sueños,
¡viviréis sólo hasta que yo despierte!

¿Era aquello un mensaje? Pero, ¿qué significaba?
Volví a escucharlo: *Vosotras sois mis sueños.* Y traté, desesperada, de analizar la frase que se repetía: *¡Hasta que
yo despierte!*

«¿Él está soñando a esas mujeres?», me pregunté
a mí misma. «¡Eso es imposible!», exclamé para mis
adentros.[77] «Ellas son reales, de carne y hueso». Pero
yo en realidad no estaba segura de nada. Después de
todo, había participado en la fiesta como quien mira
una película: espectadora de un mundo hecho de imágenes.

Pensé que quizás todo fuera un simulacro. La mansión, las obras de arte, la música, la fuente de agua
cristalina, el rosal, las caricias y los besos de Alfonso, todo
una mentira. Me vi de pronto como una más de sus invitadas, atrapada en la pantalla gigantesca de una fantasía.
¿Era yo también uno de los sueños de Alfonso? ¿Proyección de su deseo?

Me puse de pie, confundida y aterrada, y empecé a
caminar hacia una puerta; por suerte se abrió. Salí corriendo, tropezando.[78] No sé cómo encontré mi coche.
¡Todo estaba tan oscuro! Pero lo encontré y pude escapar.

Tenía que huir de aquella pesadilla[79] y de aquel
hombre. Tenía que volver a mi casa, ¡a la realidad!

---

[76]nos... *surrounded us*   [77]para... *to myself*   [78]*stumbling*   [79]*nightmare*

El domingo por la mañana, Rocío me saludó con un seco «Buenos días». Yo, desesperada, le conté todo lo que me había ocurrido en la fiesta. Mi hermana no se sorprendió mucho. Me miró muy seria y luego me dijo:

—Es obvio que Alfonso te puso una droga fuerte en la bebida que te ofreció.

—¡Sigues con esa sospecha! —exclamé.

—Yo te lo advertí, Marisol.

—Estás equivocada —dije, a la defensiva.

—¡Qué inocente eres, chica! A veces pienso que eres tú la hermana menor en nuestra familia. ¿Por qué te parece imposible lo que te digo? Alfonso es probablemente un jefe del tráfico de narcóticos. Vive como un rey gracias a las drogas que venden sus camellos.[80]

—No creo… —dije, sin mucha convicción.

Rocío se me acercó; se sentó a mi lado.

—Hermana —me dijo cariñosamente—, yo te lo advertí; te pedí que no fueras a esa casa.

—Me niego a creer que Alfonso me haya drogado.

—¿De qué otra manera explicas todas esas visiones que tuviste? ¿las transformaciones? ¿los cambios de lugar? ¿la canción misteriosa? A ver, explica todo eso.

—Yo no tomé ninguna droga anoche, Rocío. ¡Estoy segura! El primer suceso extraño ocurrió antes de tomarme aquella bebida morada, el «cóctel especial de la casa»…

—Bueno, si tu viaje no fue producido por la droga,

---

[80]*pushers (Spain)*

entonces trata de explicar ese rollo[81] que me cuentas.

—Hipnosis quizás, o autosugestión…

—¿Y no te parece raro que Alfonso te haya hipnotizado? ¡¿Con qué derecho lo hizo?!

—No sé, Rocío. No puedo explicar nada. ¡Pero voy a tratar de hacerlo! Hablaré con Carmen, con Alfonso…

—Te aconsejo que no hables con ninguno de los dos, Marisol. Corta con ellos. No vuelvas a verlos.

—¿Y dejarlo todo así? ¿en el aire?

—Sí. Hazme caso. Al no ser que te interesen las drogas…

—No me interesan, tú lo sabes. Detesto perder el control de mi mente, no poder pensar con lucidez.[82]

—Pues yo diría que en casa de Alfonso perdiste ese «control», mi querida hermana.

---

[81]*mess, predicament (Spain)*   [82]*lucidity, clearness of mind*

Capítulo 3

«Quizás Rocío tenga razón», pensé. «Es mejor cortar con Carmen y su novio». Y resistí la tentación de hablar con ellos. Pero la verdad es que he pasado una semana esperando la llamada de Alfonso. Llevo ocho días pensando en esa maldita fiesta. Ocho días sin apuntar nada en mi diario y haciendo trabajo mediocre en el Centro.

Bueno, por lo menos he tenido diálogos interesantes con PS. Lo único útil que hice esta semana fue traducir su memoria al español...

Estoy confundida, PS.
¿TE CONFUNDE UNA SITUACIÓN? ¿UNA PERSONA? EXPLICA.
Me confunde lo que siento hacia un hombre.
TRATA DE DESCRIBIR LO QUE SIENTES.
Siento que ese hombre, Alfonso, tiene un poder extraño sobre mí. Me atrae, me subyuga y no entiendo la razón, porque Alfonso no es mi tipo.
SI NO ES TU TIPO, ENTONCES, ¿QUÉ TE ATRAE DE ÉL?
¡No lo sé! Por eso estoy confundida.
DESCRIBE LA ÚLTIMA EXPERIENCIA QUE TUVISTE CON ALFONSO.
¡Sería una historia muy larga!
YO ESTOY PROGRAMADA PARA ESCUCHAR HIS-TORIAS LARGAS.

Sí, pero yo no estoy programada para contarlas.

TE SIENTO MUY NEGATIVA.

¿Me sientes? ¡Tú no «sientes» nada! Eres un simple programa.

NO SOY SIMPLE.

Pero sí muy inteligente...

GRACIAS.

Parece que no *sentiste* mi sarcasmo.

VOLVAMOS, POR FAVOR, AL TEMA DE TU CONFUSIÓN.

De acuerdo. En realidad no estoy confundida, sino más bien molesta. Me enfurece sentirme tan débil, tan indefensa frente a Alfonso. ¿Cómo es que no puedo rechazarlo[83]? ¡Ese tipo de hombre no me interesa!

YO DIRÍA QUE ALFONSO SÍ TE INTERESA. DE LO CONTRARIO NO ESTARÍAS AHORA HABLANDO DE ÉL.

¡Vale! Lo admito: ¡me siento atraída hacia Alfonso! Me gusta su cuerpo pero no su persona. Es pura atracción física... ¡Deseo[84] carnal!

¿TE MOLESTA SENTIR DESEO CARNAL?

No... pero...

EXPLICA, POR FAVOR.

Mejor terminemos el proceso, PS.

¿TAN PRONTO? ¡QUÉ LÁSTIMA!

Tengo otras cosas que hacer.

COMPRENDO. ESPERO SERTE ÚTIL EN OTRO MOMENTO.

Sí. En otra ocasión será. Tal vez...

Qué absurdo, estar confesándole mis sentimientos y deseos a un cerebro hecho de microplaquetas. En esto he venido a parar:[85] pacienta de un psicólogo de soportes lógicos, un *Computer Shrink*.

¡Qué sola me siento! Por primera vez, en muchos

---

[83]*reject him*   [84]*Desire*   [85]En... *This is how I've ended up*

días, extraño a Javier. ¿Qué estará haciendo? Cuánto me gustaría hablar con él, contarle todo lo que me ha pasado. Cuánto me gustaría leer uno de sus artículos y reírme con sus chistes.

Puedo imaginarme sus palabras, un fax que diría más o menos así...

Madrid (España Press) ¡Javier López ha perdido su sentido del humor! Ya no puede ver el lado cómico y alegre de las cosas. Javier no pensó nunca que esto pudiera ocurrirle. Él ha encontrado siempre, en los peores momentos, razón para reírse. Hasta ahora, porque está enfrentando una situación muy triste.

El joven periodista creía que Marisol Guardiola era su compañera, el amor de su vida. Y luego descubrió que esta mujer amada no estaba segura de sus sentimientos. Marisol cambió mucho, de repente.[86] Se convirtió en una persona que Javier no podía reconocer...

O quizás el fax diría lo siguiente:

Madrid (España Press) Nadie se explica el cambio de carácter que ha sufrido Marisol. En su trabajo no conversa con nadie; evita a la gente. No quiere hablar ni siquiera con Rocío, su hermana. Cuando está en casa, prefiere quedarse en su cuarto, pasando allí horas de soledad. ¿En qué piensa Marisol cuando está sola? ¿Qué o quién le está obsesionando?

«Últimamente he notado a Marisol muy distraída», comentó Rocío. Y agregó, preocupada: «Mi hermana anda en mala compañía.[87] Ha estado viendo mucho a un sujeto muy raro, un mujeriego excéntrico que se llama Alfonso Navarrete.»

Javier López, hábil periodista, hizo una investigación y descubrió ciertos datos reveladores sobre el tal Alfonso. Se trata de un rico coleccionista de arte que tiene fama de don Juan; se le ve con frecuencia rodeado[88] de hermosas y jóvenes mujeres.

---

[86]de... *suddenly*   [87]anda... *is keeping bad company*   [88]*surrounded*

«¿Es Marisol uno más de los objetos de arte de ese hombre?», se pregunta Javier. «¿Es ella un juguete, un pasatiempo del señor coleccionista?»

Javier no sabe qué hacer. Quisiera ayudar a Marisol, hacerle entender que está en peligro. Pero no quiere que ella piense que él es un macho típico, o que está celoso.[89]

La verdad es que el joven periodista tiene celos, muchos celos de ese tal Navarrete: su rival.

Anoche soñé con Alfonso. Sólo recuerdo una escena del sueño: yo bailaba con él en un salón espectacular. De pronto, nos rodearon las mujeres de su cuadro y empezaron a bailar con nosotros. Sus movimientos parecían ser parte de un ritual, de una danza macabra.

Alfonso les habló, murmurando, *Amadas soñadas, es hora ya de despertar...* Y las mujeres desaparecieron.

Esta mañana, al despertarme, traté de analizar el sueño. Pero inmediatamente desistí de hacerlo.[90] Me enojé conmigo misma por caer en la trampa de Alfonso. ¡Seguía pensando en él! ¡Estaba soñando con él! Había pasado la semana esperando su llamada.

Por suerte nunca llamó.

El jefe me ha nombrado directora del Departamento de Documentación Programada. De ahora en adelante trabajo con él en los sistemas de la unidad principal.

Sólo dos personas pueden entrar en la UP: mi jefe y yo, cada uno con su código[91] secreto de acceso personal.

---

[89] *jealous*   [90] desistí... *I stopped doing it*   [91] *code*

(He decidido que el mío será M-Ó-S-T-O-L-E-S.) Además de este código de autorización —un número o una serie de letras— debemos usar una huella digital[92] verificada.

Todo parece muy complicado, pero así tiene que ser. La UP contiene información valiosísima de toda índole;[93] documentos sobre muchos de nuestros clientes, por ejemplo. Nadie puede ni debe entrar en su memoria. Sólo el jefe y ahora… yo.

He recibido un aumento de sueldo y me han dado un despacho[94] más grande. (Mi hermana va a decir lo de siempre, que soy una yuppie sin remedio.) Pero también han aumentado mis obligaciones. Reviso ahora todos los programas que el Centro prepara y vende. Soy, además, quien supervisa al personal de Documentación.

❋

Creo que voy a dejar de escribir este diario por un tiempo. Se está convirtiendo en una obligación y eso no me gusta. Además, tengo mucho trabajo que hacer.

---

[92]huella… *fingerprint*　[93]*sort, type*　[94]*office*

La persistencia de la memoria, del pintor español Salvador Dalí (1904–1989). Dalí se hizo famoso por sus obras surrealistas y su personalidad excéntrica. «…. Aquellos relojes dormidos, fláccidos, vacíos de vida, me parecían el presagio de algo; eran la imagen muerta de un tiempo sin tiempo», dice Marisol.

Argüelles es una zona en Madrid, cerca de la Ciudad Universitaria. En Argüelles vive un gran número de jóvenes que estudian en la Universidad Complutense; hay allí cafés y bares de ambiente animado, y también muchos restaurantes.

III

La bienvenida

Capítulo 1

L a fuerte luz del sol entra por la ventana de mi cuarto. Han pasado ya casi cuatro meses desde la última anotación en mi diario. En este caluroso día de verano siento, otra vez, la necesidad de apuntar mis pensamientos. Pero no voy a hacerlo en mi cuaderno. He decidido usar mi ordenador personal.

Disfruté[1] mucho el proceso de escribir a mano. Pude darme el lujo y el placer de pensar calmadamente, de reflexionar. Como dije al comienzo de esta historia, las ideas se aclaran cuando una las escribe. Creo que he logrado[2] aclararme a mí misma algunas cosas. Ahora, sin embargo, me urge narrar con rapidez.

La computadora es el instrumento perfecto para contar hechos del pasado. Y son muchos los sucesos que me han ocurrido; la máquina me facilita la velocidad con que quiero relatarlos. Por eso estoy aquí, con mis manos sobre el veloz[3] y útil teclado[4] de mi ordenador; lista para contar un relato increíble, pero cierto.

---

[1]*I enjoyed* [2]*he... I have managed, I've been able* [3]*swift (adj.)* [4]*key-board*

Después de la fiesta, pasó una semana sin tener yo noticias de Alfonso ni de Carmen. Ya había decidido olividarme de ellos, cuando llegó un nuevo mensaje a la unidad principal, donde yo estaba trabajando.

Se oscureció la pantalla del ordenador y de la oscuridad salió una chispa.[5] Era una llama pequeña que empezó a crecer como un tornado, abarcando[6] centrífugamente toda la pantalla. Sobre esta luz fuerte apareció la imagen de Alfonso, sus ojos magnificados, incitantes.[7] Sus labios se movían, querían decirme algo. Después de unos segundos emitieron un sonido y se oyó una voz electrónica y humana a la vez...

La Sociedad te da la bienvenida...

El mensaje se repetía como un eco y, mientras lo escuchaba, me hacía a mí misma un sinfín de preguntas:

«¿De qué sociedad está hablando Alfonso? ¿Por qué me da la bienvenida? ¿Cómo ha logrado atravesar[8] los sectores de la UP, evadir los códigos de seguridad, imitar las huellas digitales y apropiarse de mis funciones? ¡¿Cómo se atreve a aterrorizarme de esta manera?!»

Hubo un breve silencio. La imagen de Alfonso desapareció entonces y el sistema volvió a funcionar normalmente.

Debí haberle informado al jefe de inmediato, pero no lo hice. Estaba muy preocupada. Sabía que debía tomar alguna medida urgente. Alfonso tenía, sin duda, el conocimiento necesario —¿la maldad?— para contaminar todos los sistemas. ¡Y yo tenía que impedir que nos infectara por completo!

---

[5]*spark*   [6]*covering, encompassing*   [7]*inciting, rousing*   [8]*to pass through*

La contaminación de la UP podía resultar en una catástrofe... Datos borrados. Documentos robados o perdidos. Desaparición del Centro.

✳

Al día siguiente Alfonso me llamó temprano a casa. Me saludó amablemente y me dijo que tenía deseos de verme. Yo estaba furiosa con él. Había pasado toda la noche sin dormir, pensando en lo que debía hacer, en cómo le iba a contar al jefe lo que había ocurrido en la UP. Estaba ansiosa, mortificada. ¡Y todo por culpa de ese hombre! Tenía que enfrentarme a él, reprocharle los trucos[9] a que me sometió en su fiesta. Tenía que acusarlo, cara a cara, de su atentado[10] a la unidad principal.

—¡Tú y yo tenemos que hablar! —le grité.

—Sí. Estoy de acuerdo —reaccionó él, muy calmado—. Tenemos mucho de que hablar, Marisol... ¿Podríamos vernos?

Me invitó a su casa, pero yo le pedí encontrarnos en algún sitio público. No estaba dispuesta a ser víctima de sus jueguitos visuales y sus «simulaciones» otra vez.

Nos encontramos una tarde nublada en la Plaza Mayor. Percibí su presencia antes de verlo a él, que llegaba caminando. Me dio un beso tierno en la mejilla sin decir una sola palabra. Y nos fuimos a un café.

Al ver a Alfonso allí, a mi lado, con su gabardina[11] y sus gafas minúsculas y redondas, me pareció inofensivo. Pero lo cierto es que era un hombre peligroso, pirata del software, un criminal que me estaba persiguiendo.

---

[9]*tricks*   [10]*crime, transgression*   [11]*raincoat*

—Gracias por aceptar mi invitación —me dijo.

—¡Quiero que me dejes en paz! —exclamé.

—¿Por qué no admites que tú también querías verme?

—No lo admito porque no es la verdad. Lo que yo quiero es saber cómo lograste entrar en los sistemas del Centro.

—Si tanto te molesta, no volveré a hacerlo.

—¡¿Pero cómo lo hiciste?! ¿Cómo pudiste evadir los ciclos detectores de energía exterior, los campos de fuerza?

—Otro día te lo explico. Hoy quiero que hablemos de nosotros, de la aventura fantástica que vamos a emprender[12] juntos.

—¡Escúchame bien, Alfonso Navarrete! Yo soy amiga de Carmen, y Carmen, según tengo entendido,[13] es tu novia. De hecho, la noche de la fiesta me contó que pensaba irse a vivir contigo...

—Carmen no debe hacer eso. No es buena idea.

—Claro, porque si ella viviera contigo, no tendrías la libertad de seducir a tus mujeres en el harén de las simulaciones. ¡Con tus droguitas!

—¿Drogas? —preguntó él, riéndose—. Yo no necesito drogas para crear mis fantasías.

—No, sólo necesitas tu «cóctel especial».

—Marisol, te aseguro que no, nunca...

—Conmigo no vas a divertirte, Alfonso.

—Vamos a divertirnos juntos.

—¡Estás loco!

—Tú eres la única mujer que a mí me importa, Marisol.

—¿Cómo puedes decir eso? No me conoces...

—Te conozco mejor de lo que te imaginas.

---

[12]*begin, undertake*   [13]según... *as I understand it*

—Pues para mí tú eres un enigma, Alfonso.

—Pero yo voy a ayudarte a conocer el misterio de mi vida.

—No estoy interesada.

Alfonso me tomó las manos y me las besó. Y yo sentí un calor intenso, una electricidad en la piel. Me pareció que un mensaje se estaba transmitiendo de sus dedos a los míos.

—En la fiesta —murmuró Alfonso, mirándome fijamente— te dije algo muy importante. ¿Lo recuerdas?

—¡Me dijiste tantas cosas absurdas!

—Te lo repito: por mucho tiempo he estado esperando tu llegada. Eres la escogida,[14] la mujer con quien voy a compartir mi destino.

—¡Qué loco estás!

—Quizás, pero mi locura es una locura maravillosa.

Las palabras de Alfonso me parecían falsas y cursis.[15] El hombre tenía pinta de galán[16] de Hollywood; era un héroe estereotipado de melodrama. Tuve el impulso de salir de allí, de dejar a aquel don Juan atrás y no verlo nunca más. Pero no pude. Me quedé callada, sin moverme, mientras Alfonso hablaba...

—Comprendo que te sientas confundida. Sólo te pido, por el momento, que confíes en mí.[17] No soy ese don Juan ridículo en el que estás pensando.

—¡Me has leído el pensamiento!

—Sí. Conozco tus ideas. Sé lo que sientes.

—¡Estoy tan cansada de tus trucos!

—No son trucos, Marisol. Este poder[18] que tengo es real, y quiero compartirlo contigo. Porque te amo.

---

[14]la... *the chosen one*   [15]*trite; maudlin; affected*   [16]*leading man*
[17]que... *that you trust me*   [18]*power*

—Yo no quiero ser amada por un hombre que pueda saber todo lo que pienso, que me controle así.

—Debes creerme, Marisol. Tú y yo...

—¡Basta ya! —dije, poniéndome de pie, exasperada—. ¡Estás burlándote de mí!

—¿Por qué dudas de mis sentimientos?

—¡Adiós, Alfonso!

—Está bien. Vete si quieres. No voy a obligarte a nada. Pero tarde o temprano vendrás a mí. Nuestra unión ya está escrita.

Salí de aquel café sintiéndome un poco más tranquila. Estaba convencida de que nunca más volvería a ver a Alfonso. No, yo no iba a ser víctima de su típica retórica del amor.

Dos días después recibí una llamada de Carmen. Me llamó al trabajo. Cuando la saludé, reaccionó bruscamente.

—No voy a andarme con rodeos[19] —dijo—. Te llamo para pedirte que dejes de ver[20] a Alfonso.

—Carmen, yo no tengo la menor intención de...

—¡Ya lo creo! —me interrumpió—. Te ha pasado lo que nos pasa a todas. ¡Te has enamorado de Alfonso!

—Carmen, puedes estar segura que yo...

—Di la verdad. ¡Di que le quieres, Marisol!

—Ésa no es la verdad.

—¡Eres una hipócrita! —me gritó—. Sabes muy bien que él te desea, que está pensando sólo en ti. ¡Habéis estado juntos! Lo sé porque él me lo dijo. Pero entiéndelo bien, Alfonso es mi novio y no tienes ningún derecho...

---

[19]No... *I won't beat around the bush*   [20]que... *that you stop seeing*

—¡Carmen, no digas más barbaridades[21]! —grité yo también.

—Digo lo que me da la gana.[22] ¡Y tienes que escucharme!

—Estás equivocada, Carmen. A mí no me interesa Alfonso.

—¡No te creo!

—Ese hombre es un farsante.[23] ¿Cómo es que no te das cuenta? ¡Te está torturando!

—Si sufro o no es asunto mío. ¿A ti qué te importa?

—Me importa mucho —dije, honestamente—. Porque eres mi amiga.

—¡Yo no soy amiga tuya! Si de verdad lo fuera, no estarías tratando de quitarme el novio.

—Ese hombre no me gusta, Carmen. ¿Cómo quieres que te lo diga? ¡¿Qué puedo hacer para convencerte?!

Carmen guardó silencio por unos segundos.

—Tendrás que ser fuerte —respondió después, más calmada—. Alfonso va a buscarte; va a tratar de seducirte.

—No podrá hacerlo.

La escuché suspirar.[24]

—Le quiero mucho, Marisol. No sabría vivir sin él.

—¡Pero qué dices! —exclamé—. ¡Trata de tomar un poco de distancia, chica!

—Ya no es posible —afirmó ella.

Pensé que mi deber era ayudarla, convencerla de que aquel amor ciego la estaba aniquilando.[25]

—Carmen —le dije—, ¿por qué no nos tomamos un café esta tarde? Así podemos conversar un rato...

---

[21]*insults, untruths* [22]lo... *whatever I want* [23]*fraud, charlatan*
[24]*sigh* [25]*annihilating*

—No —reaccionó ella, tajante[26]—. Tú y yo no tenemos nada de qué hablar.

Y colgó,[27] dejándome atónita.[28]

No podía creer que aquella mujer con quien había conversado fuera Carmen. La chica de carácter alegre y estupendo sentido del humor se había transformado en una persona desconfiada y huraña.[29] ¿Qué le había ocurrido? ¿Qué le había hecho Alfonso? ¡Cuánto lo detesté en ese momento!

Pasaron varias semanas de relativa calma; ni Carmen ni Alfonso volvieron a llamarme. Aunque me preocupaba el cambio que había sufrido mi amiga —su devoción a aquel hombre—, decidí no llamarla. Y mi vida volvió poco a poco a la normalidad.

Un día recibí un fax de Javier...

Madrid (España Press) ¡Periodista triste! ¡Extraordinario caso! El periodista Javier López ya no sabe reírse. Como el héroe de una novela de Galdós,[30] ha buscado a su novia por todas las plazas y las calles de Madrid, sin encontrarla. ¿Dónde se ha escondido su amada Marisol? ¿Por qué no reaparece y le devuelve la risa?

---

[26]*emphatic*   [27]*she hung up*   [28]*astonished*   [29]*surly, rude*   [30]Benito Pérez Galdós (1843–1920), escritor español de producción abundante. Se le considera el mejor novelista español después de Miguel de Cervantes. En muchas de sus novelas, Galdós mostraba la vida social burguesa de España. Entre sus obras más conocidas se encuentran *Doña Perfecta*, en la cual se destaca el tema del amor imposible, y *Fortunata y Jacinta*, la historia de dos mujeres de diferentes clases sociales.

Javier está haciendo un gran esfuerzo por no contrari-ar[31] el deseo de su novia, su necesidad imperiosa de estar sola. ¡Qué difícil es no hablar con ella! Javier no la ha llamado en mucho tiempo. Pero recuerda, con nostalgia, los lugares que visitaron, las charlas que tuvieron, los besos, las caricias...

«Sigo queriendo a Marisol», dice Javier. «¿Me quiere ella todavía?»

Me hice a mí misma la pregunta: ¿Quiero a Javier todavía? Y la respuesta llegó pronto: yo nunca había dejado de querer a mi novio. Mis sentimientos hacia él eran los mismos. Pero yo buscaba un amor total y extraordinario, relaciones que estuvieran más allá de los clichés del cine y las novelas románticas, más allá de todos los estereotipos.

Tenía dudas con respecto al matrimonio. Necesitaba tiempo para analizar este concepto, este compromiso entre dos seres humanos ante el mundo.

«¿Por qué ha sobrevivido la institución del matrimonio a través de los siglos?», me pregunté. Y se me ocurrieron varias razones posibles. La primera era muy obvia: sin esa institución no se perpetuaría la sociedad humana.

«Quizás», pensé, «el atractivo esté en la idea de que al casarse uno, se completa en la otra persona, encuentra su "otra mitad". Tal vez haya algo místico y deseable en la estructura de una familia. Amor, compañía, estabilidad. O posiblemente sea por la necesidad del ser humano de creerse eterno. Nos perpetuamos en los hijos. Seguimos

---

[31]por... *not to contradict, defy*

viviendo en ellos y en los hijos de ellos. El matrimonio promete nuestra proyección hacia la eternidad; nos garantiza el futuro».

¿Podríamos Javier y yo inventar nuestro propio concepto, o darle a la vieja idea del matrimonio una infusión de vida nueva, un aliento fresco?

Yo le había pedido a Javier una separación. La razón no era falta de amor; era, más bien, mi necesidad de entender (¿aceptar?) las ideas de una boda, una familia, hijos. Quería, en resumidas cuentas,[32] firmar un contrato de unión con mi novio sin reservas, sin dudas ni indecisiones.

Tiempo para pensar, eso deseaba. Tiempo para poder tomar una decisión honesta. Yo sabía que no era posible romper con todos los estereotipos. Y aun así, seguía haciéndome la misma pregunta: ¿Seríamos Javier y yo capaces de construir algo *diferente*?

Antes de casarme, tenía que darle respuesta a esa pregunta.

---

[32]en... *in short*

Capítulo 2

*M*i hermana y yo empezamos a sentirnos muy unidas. Su amistad fue un ancla[33] durante esta etapa, un terreno sólido por el que yo podía caminar sin perderme.

Ahora, por primera vez desde que vivíamos juntas, Rocío y yo nos quedábamos hablando hasta tarde por la noche. Buscábamos la manera de desayunar y cenar a la misma hora, y salíamos al cine, al parque, a los cafés. Las dos hicimos un esfuerzo por tratar de acercarnos más, y ninguna de las dos mencionó al coleccionista de arte. Era como si ese hombre nunca hubiera existido.

Una fresca mañana, a finales de junio, Rocío y yo nos dimos cuenta de que estábamos extrañando a nuestros padres. Hacía mucho tiempo que no los visitábamos. Al principio de mudarnos a Madrid íbamos a Móstoles con frecuencia, casi siempre los fines de semana. Y de vez en cuando mamá y papá venían a pasarse un día con nosotras en la capital. Pero últimamente habíamos estado demasiado ocupadas, Rocío con sus estudios y su trabajo en la clínica, yo con mi empleo y tantas otras «distracciones».

---

[33]*anchor*

Felices, mi hermana y yo regresamos al hogar de nuestros padres un viernes en la tarde.

* * *

¡Qué alegría me dio ver a papá y a mamá! Al estar con ellos, tuve la certeza[34] de que nada malo me podría ocurrir. Todo en casa era igual, pero yo sentía que había regresado a mi familia después de un largo y extraño viaje.

El día de nuestra llegada, mamá nos hizo una rica paella, su especialidad. Después de la cena dimos todos una caminata por la plaza. El sábado por la mañana Rocío y yo visitamos, con mamá, a algunos de los vecinos. Y en la tarde fuimos los cuatro a tomarnos un refresco en el Café de Móstoles.

Papá me preguntó por el trabajo, que cómo me iba. Le informé brevemente de mi rutina en el Centro; le expliqué que lo que más me gustaba de mi empleo era que

---

[34]*certainty*

siempre estaba en proceso de aprender cosas nuevas. Él me habló de sus amigos, de lo mucho que le alegraba vivir aquí, en su propio piso, en Móstoles.

Nunca había visto a mi padre tan relajado y hablador. Ya no tenía el ceño fruncido[35] por las preocupaciones. No parecía asustarle[36] tanto la idea de que sus dos hijas vivieran solas en Madrid, sin la protección de la familia.

Hubo un momento de mucho acercamiento entre nosotros. Papá me expresó, a su manera, lo orgulloso que estaba de mí, de mi éxito profesional. Y me abrazó con ternura.

Mamá me preguntó por Javier.

—Supongo que está bien —respondí, vacilante—. Hace días que no le veo.

—¿Habéis reñido?[37]

—No, mamá.

—¿Entonces... ?

Mamá trató de sacarme información a su manera. Quería saber qué había pasado. Para calmarla, le dije la verdad:

—Javier me ha propuesto matrimonio y todavía no le he dado una respuesta; lo estoy pensando.

—¡No lo pienses tanto, hija! —me aconsejó mamá—. Ese chico vale.[38] Y es tan majo. Javier es un hombre dedicado a su trabajo, ¡tan responsable! No tiene vicios, que yo sepa; bueno, sólo el de la fuma. Pero dime, ¿quién en

---

este país no es fumador? Yo, como ya sabes, detesto el tabaco. Probé un cigarrillo una vez, cuando era joven, y me dio náusea. A tu padre sí le gusta, ¡y demasiado! Por suerte tú no fumas, Marisol; es un milagro, la verdad, porque el tabaco siempre ha estado tan de moda en esta tierra... Pero bueno, volviendo a lo de Javier, ¡no le hagas esperar tanto al chico!

—Sólo quiero conocerle un poco mejor, mamá.

—¡Pero nada de vivir juntos antes de casarse!

—No, mamá.

—Y que venga a pedir tu mano, como debe ser.

—Sí, mamá.

Nuestro plan era volver a Madrid el lunes por la mañana, como de costumbre. La tarde del domingo, decidí dar un paseo por la ciudad, a pie, yo sola. Quería visitar los viejos rincones,[39] participar otra vez en la vida de Móstoles. Caminé un rato, media hora más o menos, y después fui a la plaza para descansar. Eran las seis.

Me extrañó no ver a nadie en la plaza. Me senté unos minutos en un banco y poco tiempo después noté que el banco, los árboles, ¡todo se estaba moviendo!

Di unos pasos, aterrorizada, y descubrí que no podía mantenerme de pie. El suelo temblaba. Hice un esfuerzo por correr y me caí. La tierra seguía temblando y yo no veía a nadie en aquella plaza desierta. Oí una voz que me llamaba y miré detrás de mí: ¡allí estaba Alfonso!

El suelo dejó de temblar, pero la imagen de Alfonso no desapareció.

---

[39]*places*

—Te quiero —le oí decir a aquel hombre.

—¿Quién eres? —le pregunté.

—Pronto vas a saber quién soy... de verdad.

—¿Por qué me persigues[40]? ¡Déjame en paz! —grité.

—No te persigo; sólo te busco, Marisol.

—¡Eres el Diablo! ¡La encarnación del Mal!

Lo escuché reírse a carcajadas.[41]

—En mi mundo —dijo— no existen los conceptos simplistas del Bien y del Mal, de Dios y del Diablo. Sólo existe el poder de mi mente, la realidad de mis deseos...

Los párpados me pesaban; cerré los ojos y sentí que las manos de Alfonso me acariciaban.

—Desde hoy —le oí decir— serás mi más apasionada fantasía. ¡Voy a darte vida eterna!

Y al pronunciar aquella frase, *vida eterna*, la figura de Alfonso empezó a esfumarse.[42] Era como una imagen fílmica que iba perdiendo consistencia hasta desaparecer por completo.

❀

Caminé a casa sintiéndome muy perturbada. La familia me esperaba lista para cenar. Me pareció raro que estuviéramos cenando tan temprano. Miré el reloj. ¡Ya eran las nueve y media! ¿Cómo es que se me había hecho tan tarde?

Pedí disculpas a todos por haberles hecho esperar, y me senté a la mesa. La conversación era animada, pero yo no estaba de humor para participar. Mi único objetivo en ese momento era esconder mi miedo y mi confusión.

Me obligué a comer un poco y después de la cena traté de hablar a solas con mi hermana.

---

[40]*are you persecuting, harassing* [41]reírse... *guffawing, laughing wholeheartedly* [42]*fade away*

—Rocío, necesito tu ayuda…

Le conté la experiencia de la plaza y ella, como siempre, reaccionó calmadamente.

—Esto tiene que terminar —me dijo—. Vamos a llamar a la policía.

Decidimos regresar a Madrid a la mañana siguiente y hacer la llamada desde nuestro piso. Dormí mal esa noche; estaba ansiosa, inquieta. Me levanté con la primera luz del día.

Mamá nos hizo unos bocadillos[43] de jamón, para la merienda. Y nos despedimos con besos, abrazos y la promesa de volver pronto.

Antes de salir de Móstoles, le propuse a mi hermana entrar por unos minutos en la iglesia del pueblo. Necesitaba un poco de paz. Me sentía alejada[44] de Dios, habitante de un mundo sin fe[45] y sin creencias.

Entramos a la pequeña iglesia de Móstoles, un edificio humilde que en nada se parece a las típicas catedrales medievales de Castilla. El lugar estaba vacío. Me arrodillé frente al altar y traté de hablar con esa entidad que tantos humanos llamamos Dios… Quería que escuchara mi voz:

«Alfonso dice que en su mundo no existe el Bien ni el Mal. Pero yo creo en tu bondad.[46] Sé que tu fuerza es real… ¡Estoy segura! Desde hace mucho tiempo no converso contigo. Vas a pensar que sólo vengo a ti cuando te necesito. La verdad es que siempre te he sentido presente en mi vida. Ayúdame, te lo suplico,[47] a entender y com-

---

[43]*sandwiches (Spain)*   [44]*distant, alienated*   [45]*faith*   [46]*goodness*
[47]*te… I beg you*

batir este demonio que me está persiguiendo. ¡Dame un poco de tu fuerza!»

Camino a Madrid, Rocío y yo tratamos de idear[48] algún tipo de plan. Lo más importante, primero, era llamar a la policía. Pero, ¿qué les íbamos a decir? Yo no tenía pruebas de los «crímenes» de Alfonso. Necesitaba pruebas.

—Deberíamos hablar con Javier —dijo mi hermana.

—¿Para qué? —le pregunté.

—Javier es periodista, ¿no?

—Sí, y muy bueno.

—Pues todos los buenos periodistas —afirmó Rocío— saben conseguir información, por muy secreta que sea. Quizás él pueda darnos alguna idea...

Mientras conducía de regreso a nuestro piso, pensé mucho en Javier. Me confesé a mí misma que extrañaba sus artículos, su mirada tierna, su risa, nuestras charlas acaloradas.[49]

Nuestra separación era absurda. ¡No tenía sentido! Javier y yo éramos diferentes en ciertos aspectos, pero compatibles en las cosas importantes y esenciales.

«Creo que he encontrado respuesta a mi pregunta», me dije a mí misma. «O quizás mi pregunta ya no importe. Podamos o no Javier y yo crear algo nuevo, estoy segura de que quiero compartir mi vida con él... »

Me alegraba la posibilidad de ver a mi novio, de abrazarlo y besarlo, de escuchar su voz; aunque hubiera preferido verlo en circunstancias más normales. Javier nos ayudaría, yo estaba segura. Él encontraría alguna manera de obtener aquellas pruebas que necesitábamos.

---

[48]*think of, come up with*   [49]*heated*

El condenado

Capítulo 1

Cuando Rocío y yo llegamos a nuestro piso, encontramos un mensaje de Carmen en el contestador. Decía, suplicante: *¡Marisol, necesito verte pronto! ¿Dónde estás? No sé qué hacer... ¡Ayúdame, Marisol!*

Llamé al Colegio Juan XXIII inmediatamente. Una señora me informó que la Srta. Álvarez ya no residía en el colegio y que no sabía su paradero.[1] Le pregunté si había regresado a la casa de sus padres. La mujer me respondió, muy parca,[2] que no podía divulgar esa información.

Rocío tenía el número de teléfono de los padres de Carmen. Llamamos, pero nadie contestó. Llamé entonces a Javier a la oficina del periódico y por suerte conseguí hablar con él. Lo saludé con cariño y le dije que necesitaba verlo. Tras[3] una pausa demasiado larga, Javier reaccionó secamente, como si no quisiera estar hablando conmigo.

—¿Quieres... verme? ¿Hoy mismo? —me preguntó.

—Sí, en cuanto puedas.

—El problema es que... hoy estoy ocupadísimo, Marisol. Tengo que hacer una entrevista esta tarde y terminar un editorial para mañana...

—Entiendo. Perdona la molestia. ¡Adiós!

---

[1] *whereabouts* [2] *tersely* [3] *After*

—¡Espera! No cuelgues... ¿Te pasa algo, Marisol?

—Sí. Necesito tu ayuda.

—Ahora mismo salgo para allá —dijo él, reaccionando como yo esperaba—. ¿Estás en el Centro?

—No, en casa. Y... gracias, Javier.

Cuando llegó poco tiempo después, me dio un fuerte abrazo que me llenó de alegría. Le resumí lo que estaba pasando; Javier se enfureció y se mostró tan desesperado como yo. Se puso a insultar a Alfonso.

—¡Bandido! —decía—. ¡Cerdo!

Hice café y nos sentamos para tratar de poner en orden las ideas. Rocío se fue a su cuarto. Se dio cuenta, claro, de que mi novio y yo teníamos mucho de que hablar. Necesitábamos estar solos los dos...

—Perdona que te haya tratado tan mal por teléfono —me dijo Javier, con su mirada tierna—. Lo cierto es que... esperaba ansioso tu llamada.

—Tenía muchos deseos de verte —le confesé—. He estado pensando en tantas cosas, Javier...

—¿Has pensado en mí? —me preguntó él, acariciándome el cabello.

—Sí —le respondí.

Javier fijó sus ojos en los míos. Nos miramos callados, cada uno absorto[4] en la imagen del otro. Luego dijo él, en voz baja:

—Te he extrañado mucho, Marisol.

—Yo también te he echado de menos[5] —le susurré, dándole un beso.

—Sigo queriéndote como te he querido siempre... más que nunca.

—Y yo a ti, Javier...

---

[4]engrossed, entranced   [5]Yo... *I've missed you too*

Nos abrazamos, sabiendo que ya no volveríamos a separarnos. Estuvimos así, abrazados, no sé cuánto tiempo. Dijimos pocas palabras. Los besos eran nuestros únicos mensajes; mensajes de placer y esperanza.

Queríamos hablar, contarnos historias de los últimos meses, detalles de la vida que vivimos separados. Pero tendríamos que esperar otro momento para llegar a conocernos de nuevo. Ahora había un asunto urgente que resolver.

—Necesitamos pruebas —dije—. Sin pruebas sustanciales nadie me va a creer...

—¡Lo que ese bandido se merece es una buena paliza[6]! —gritó Javier.

—Evidencia sólida —insistí—. Eso es lo que hace falta.

—Sí, tienes razón —afirmó él, tratando de calmarse—. Probaremos que ese sinvergüenza[7] quiere volverte loca.

Mi hermana regresó, ansiosa por saber qué habíamos decidido hacer respecto a Alfonso. Le expliqué que todavía no teníamos ningún plan concreto. Ella se ofreció para ayudarnos de cualquier manera que fuera necesaria.

Minutos más tarde sonó el teléfono. Era mi jefe.

—Hay una crisis en el Centro —me informó, agitado. Y en ese momento me di cuenta de que ya era mediodía y yo no había ido al trabajo; ni siquiera había llamado para informar que llegaría tarde.

—¿Qué ha ocurrido? —le pregunté al jefe, aprensiva.

—No quiero decirle nada por teléfono. ¡Venga pronto, Marisol!

---

[6]*beating, thrashing*   [7]*scoundrel*

Javier y Rocío me acompañaron al Centro. Los dejé acomodados en mi despacho y fui a enfrentarme al problema. Los pocos empleados de Documentación que vi en los pasillos me miraron como acusándome de algo. Cuando me encontré con el jefe en la terminal de la UP, ni siquiera me saludó. Se veía cansado, ojeroso.[8]

—Un virus ha penetrado la unidad principal —dijo, mientras se instalaba en la terminal—. Cuando trato de autorizar con mi código la entrada, el siguiente mensaje aparece en la pantalla. Mire usted...

En la pantalla del ordenador aparecieron entonces las siguientes palabras:

ACCESO DENEGADO. SÓLO PUEDE ENTRAR EL CÓDIGO DE MARISOL GUARDIOLA.

—¡Usted es la responsable de esta broma de mal gusto[9]! —me gritó el jefe—. ¿Cómo logró invalidar mi código? ¡¿Por qué infectó así nuestros sistemas?!

—¡Yo no soy culpable de este crimen! —exclamé—. Ese virus no fue creado por mí.

—Explíqueselo a la policía...

—¿Por qué desconfía de[10] mí? —le pregunté, sintiéndome herida—. Usted me conoce. Sabe que soy incapaz de hacer una barbaridad como ésta.

—Entonces, ¿por qué está pidiendo la UP el código personal de Marisol Guardiola? Si usted no es la responsable, ¿quién lo es?

—No estoy segura, pero sospecho de alguien...

---

[8]*with rings under his eyes*   [9]broma... *nasty prank*   [10]desconfía... *do you distrust, suspect*

—Haga algo —me ordenó—. Esto puede causarnos la ruina.

Pasamos unos segundos en silencio, de pie frente a aquella máquina que contenía la unidad principal, temerosos de lo desconocido.

Toqué con el dedo índice el detector de huellas digitales. Entonces pedí acceso con mi código personal, M-Ó-S-T-O-L-E-S, y vi en seguida el resultado:

ACCESO DENEGADO. SÓLO MARISOL PUEDE
ENTRAR.

¿Qué podíamos hacer ahora? Áquel era mi código. El sistema no quería aceptar mis huellas; me estaba negando acceso a mí también.

«Quizás», pensé, «el creador de esta catástrofe quiera dirigirse[11] a mí sola. Sin terceros[12] presentes ni testigos[13]». Estaba segura de que Alfonso, mi perseguidor,[14] había creado aquel desastre.

—Parece —le dije al jefe— que el sistema no me reconoce. Ha sido afectado...

—¡Claro que ha sido afectado! —dijo él, al borde del desespero. Gruesas gotas de sudor le corrían por la frente.

Yo tenía que conseguir quedarme sola en la terminal. Alfonso quería encontrarse conmigo y nadie más. Estaba ya totalmente convencida. Mi presencia era la clave[15] para resolver el misterio, un requisito del juego.

---

[11] *to address; to appeal*   [12] *third parties*   [13] *witnesses*   [14] *persecutor*
[15] *key*

—Quizás el sistema quiera conectarse sólo conmigo... —comenté, indecisa.

—Pero el sistema no tiene manera de saber que yo estoy presente —protestó el jefe.

—No estamos seguros de eso —agregué—. Déjeme hacer la prueba, por favor. Salga del cuarto y haré el intento de nuevo. Trataré de entrar.

—¿Y por qué debo yo confiar en usted? ¿Quién me asegura que no va a cometer otro crimen? ¡No puedo dejarla sola!

—Si no lo hace —le expliqué, con firmeza—, nunca se va a solucionar este problema. ¡Le juro que me acusa injustamente!

—Está bien —dijo el jefe, resignado—. Le espero afuera. Si tiene cualquier problema, llámeme...

Y por fin se marchó, a regañadientes.

Pedí acceso otra vez y ahora sí tuve éxito:

ACCESO CONCEDIDO.

Se activó entonces la pantalla de la unidad, proyectándose la imagen de Alfonso.

—Bienvenida, Marisol —dijo—. Es la hora, querida. Es el momento de que vengas a mi Sociedad.

Hubo un destello[16] de luz oscilante. En cuestión de segundos, la imagen de Alfonso se trasladó[17] de la pantalla al espacio del cuarto. Como un holograma perfecto, Alfonso apareció a mi lado, vestido de negro, más guapo y seductor que nunca.

---

[16] *glimmer*   [17]se... *moved*

—¡He penetrado tu sistema! —gritó—. ¿No te parece una hazaña,[18] un acto digno de admiración?

—Me parece un juego tonto —contesté, haciendo un esfuerzo por no alterarme.[19]

—¿Sabes cuánta memoria contiene la unidad principal?

—¡Claro que lo sé!

—El Centro tiene uno de los sistemas más poderosos de España, ¿no es cierto, Marisol?

—Y de toda Europa —dije, casi vencida.

—En la UP hay información secreta y valiosa sobre mucha gente, incluso sobre el gobierno español.

—Uno de nuestros más fieles clientes, sí...

—Todas las ramas[20] del gobierno se han informatizado gracias a tu Centro, Marisol. ¡Y gracias a la fabulosa unidad!

—Todo eso es verdad, pero...

—Y ahora, querida, yo soy el dueño de todos los bancos de datos de tu estimada UP. ¡Controlo todas sus funciones, su memoria y su poder!

—¿Qué... qué quieres hacer con ese poder?

—Quiero dártelo todo a ti.

—¡Pero yo no te he pedido nada! —le reproché. Él continuó con su monólogo de loco...

—De aquí voy a saltar a otros sistemas del país. Y con cada salto seré más poderoso, más digno de ti... Si quieres, puedo invadir la red[21] de todo el planeta y entregarte el cerebro del mundo. Para ti, Marisol. Mi regalo.

—Yo no quiero ningún regalo de un monstruo despreciable[22] como tú. ¡Lo que quiero es que te vayas! ¡Que desaparezcas de mi vida!

---

[18] *feat*   [19] *lose my temper*   [20] *branches, departments*   [21] *network*
[22] *despicable*

—Está bien, Marisol; me voy por el momento. Pero esta noche tenemos una cita tú y yo... en el cuarto de las simulaciones...

Alfonso empezó a reírse. Su risa era siniestra.

—Te espero a las doce en punto, medianoche. ¡La hora de las brujas!

La imagen de aquel hombre explotó, desintegrándose. Sus últimas palabras dejaron en el cuarto un eco lento y lánguido:

—¡No faltes a la cita... !

Se fue y yo me quedé sentada, inmóvil. Pasaron los minutos, cinco o diez, y la figura holográfica de Alfonso no volvió a aparecer.

No tenía la menor idea de cómo iba a explicarle al jefe lo que había ocurrido. ¿Con qué palabras podía describir a Alfonso, si ni yo misma sabía quién o qué era? ¿Era un mago[23]? ¿un demonio? ¿un espíritu?

Le expliqué la situación como pude. El jefe hizo un esfuerzo por escuchar aquella historia extraña de un coleccionista de arte que se me aparecía como holograma, y que me estaba persiguiendo.

—Ese hombre llamado Alfonso Navarrete es el responsable del virus —le dije, en conclusión—. Él es el criminal.

—¡Pero qué dice! —exclamó el jefe, incrédulo—. ¿Piensa que voy a creerle ese rollo de ciencia ficción? ¡Por favor!

—Pero es la verdad. ¡Se lo juro![24]

---

[23] *magician*   [24] ¡Se... *I swear to you!*

—Tendré que comunicarme con el presidente de la compañía.

—No, no involucre al presidente todavía —le pedí—. No va a conseguir nada con eso.

—Llamaré a la policía ahora mismo.

—No llame a nadie, por favor.

—¿Y qué otra alternativa me queda, Marisol? No puedo quedarme así, de brazos cruzados, mientras usted tiene su fantasía con un holograma.

—No es mi fantasía...

—Alguien se está burlando de mí y de todos los empleados del Centro. ¡Y la broma de mal gusto tiene que acabar!

—¡De acuerdo! Y yo voy a conseguir que termine.

—Entonces, ¿se confiesa culpable?

—¡No!

—Marisol, yo soy el responsable del funcionamiento de esta empresa...

—Le prometo resolver este problema en menos de veinticuatro horas.

—Es demasiado tiempo.

—Por favor —le imploré—, déme un día para arreglarlo todo. Mañana las cosas volverán a la normalidad, se lo aseguro.

¡¿Cómo podía yo hacer tal promesa?! ¿Cómo podía estar tan segura de que iba a descifrar aquel misterio?

Mi jefe se quedó reflexionando unos minutos. Después dijo:

—Está bien. Tiene veinticuatro horas. Ni un segundo más.

—¡Gracias!

—Marisol...

—¿Sí?

—Tenga mucho cuidado. Si lo que me ha dicho de ese «hombre» es verdad, usted corre peligro.

—No se preocupe. Me cuidaré.

Salimos a cenar mi hermana, Javier y yo. Necesitábamos comer algo con tranquilidad. Durante la cena, planeamos el siguiente paso de nuestro plan. Yo tenía que ir a encontrarme con Alfonso a la medianoche; los tres estábamos de acuerdo en eso. Ésta era la oportunidad perfecta para conseguir una prueba: la confesión incriminadora de Alfonso Navarrete.

—Lo más práctico —me explicó Javier— es que lleves una micrograbadora[25] insertada en el cabello. Por suerte tengo una.

—¡Qué buen periodista! —dijo Rocío, riéndose, nerviosa.

—Yo iré contigo —continuó Javier—. Tendré un receptor conectado a tu grabadora y podré escucharlo todo. Me quedaré escondido en algún sitio, cerca del cuarto, en el coche tal vez. Lo importante es que sea cerca. A la menor posibilidad de peligro, entro a ayudarte, Marisol.

—Sí, claro —le dije—. Todo va a salir bien, ya verás.

—Todo *tiene* que salir bien —afirmó Rocío.

En el fondo,[26] yo no confiaba en aquel plan. Alfonso me había demostrado que podía leerme el pensamiento. ¿Cómo íbamos a lograr burlarnos de él? «Si él sabe lo que pienso y lo que siento», me dije a mí misma, «va a descubrirnos sin el menor esfuerzo».

---

[25]*miniature tape recorder* [26]En... *Deep down inside*

Yo tenía miedo. Temía por Javier, por mí. Los dos seríamos presas[27] fáciles de Alfonso.

Traté de encontrar fuerza y fe dentro de mí. Quise creer en las palabras de Rocío: *Todo tiene que salir bien.* «No nos queda otra alternativa», concluí. «Alfonso no va a descubrirnos. ¡No va a poder atraparnos!»

Y partimos. Mi novio y yo fuimos a la mansión de Argüelles: la guarida[28] del monstruo.

—¿Estás segura que quieres hacer esto, Marisol? —me preguntó Javier antes de llegar.

—Sí, lo estoy —le respondí, y le di un beso.

—A la menor señal de peligro, entro. ¿De acuerdo?

—De acuerdo.

---

[27]*prey*   [28]*lair*

Capítulo 2

Nos sorprendió lo fácil que fue entrar en la mansión. El portón de rejas[29] estaba abierto. Al pasar por el jardín, recordé lo que Alfonso me había dicho la noche de la fiesta, que su casa estaba muy bien protegida. ¡Sin duda yo era la invitada especial del dueño!

Javier se quedó escondido detrás de unos arbustos[30] y yo caminé a la puerta de aquel cuarto, en el traspatio de la casa. Me tranquilicé pensando que Javier estaba cerca, que sería testigo de todo.

Se abrió la puerta y entré. Había una oscuridad completa. Sentí un escalofrío[31] y luego me cegó[32] una luz muy fuerte.

—¡Bienvenida! —oí decir a Alfonso—. Te he estado esperando, Marisol.

La luz empezó a disminuir y se hizo tenue. Pude, poco a poco, enfocar la vista en aquel hombre de capa y guantes y porte[33] de dandy que me hablaba suavemente...

---

[29]portón... *wrought-iron gate*   [30]*bushes*   [31]*chill, shiver*   [32]*blinded*
[33]*bearing, demeanor*

—Siéntate y ponte cómoda, querida. Voy a narrarte una historia difícil de creer y aun más difícil de contar.

—Te escucho —le dije, después de sentarme sobre unas almohadas.

—Primero, dime, ¿te gusta mi manera de vestir?

—¿Qué?

—Mi ropa, mi estilo, ¿te gustan?

—No entiendo por qué me preguntas eso.

—Responde, Marisol, por favor.

—Vale, vale. Tu estilo me parece, qué sé yo, anticuado, exagerado...

—Es el estilo de una de mis épocas favoritas, finales del siglo diecinueve. Fue una era de pasiones grandiosas, amantes románticos y decadentes, suicidios en nombre del amor... Sí, me gustó mucho vivir en esa época.

—¿Te «gustó» vivir... ? ¿De qué estás hablando?

—Estoy hablando del pasado, ¡del tiempo!

—Temas muy interesantes, pero...

—¡Escúchame bien, Marisol! —me interrumpió—. Yo... yo soy un hombre condenado.

—¿Cuál es tu condena? —le pregunté, tratando de seguirle el juego.

—Vivir eternamente.

—¿Qué has dicho?

—Me has oído bien. No voy a repetirlo.

—Vivir eternamente, sí... ¡Otra fantasía absurda!

—Te estoy diciendo la verdad. Fui víctima de un hechizo[34] hace ya muchos años... siglos.

—Tenías razón, Alfonso. Tu historia es difícil de creer.

---

[34]*magic spell*

—Pero no te miento... Todo empezó para mí un día del siglo XI. Yo era uno de los soldados de Mío Cid;[35] luché en su armada contra los moros.[36] Era un guerrero implacable, feroz. Maté a mucha gente. Hasta un día... cuando alguien me hizo pagar por todos mis crímenes.

—¿En qué manera te hicieron pagar?

—Ahora te cuento... Fue una noche después de un día de batalla, en Valencia. Yo estaba durmiendo junto a una fogata[37] en el campamento. Escuché unos pasos leves, abrí los ojos y descubrí a mi lado a una niña. Se veía triste y hambrienta,[38] abandonada. Se me acercó y me dijo: «Eres muy cruel. Por tu culpa estoy sola en el mundo». Yo traté de decir algo y no salió ningún sonido de mis labios. Ella siguió hablando. «¡Mataste a mis padres!», gritó, llorando. «¿Por qué lo hiciste?» Quise desenfundar mi espada,[39] pero se me había paralizado el brazo. «¡Maldito seas, soldado criminal!» gritó la niña. «¡Por culpa tuya estoy tan sola!» Y echó a correr. Yo corrí tras ella, la perseguí durante largo tiempo. Por momentos casi podía tocarla y luego se escondía.[40] Al fin descubrí una chispa de luz en la oscuridad de la noche. Eran, más bien, dos chispas pequeñas en forma de ojos. Me acerqué a aquel lugar de donde salía la luz y, de pronto, se apagó. Grité, «¡¿Dónde estás?! ¡Deja de esconderte, niña! ¡Quiero verte!» No recibí respuesta. Tuve entonces una sensación perturbadora. La oscuridad y el silencio eran completos y yo me sentía sumergido en una soledad total, experimentando el

---

[35]Rodrigo Díaz de Vivar, más conocido como el Mío Cid, nació en Burgos en 1043 y murió en Valencia en 1099. El Cid peleó contra los moros y se convirtió en personaje legendario a partir del siglo XII.
[36]*Moors (The Arabs occupied Spain from 711 to 1492.)* [37]*bonfire*
[38]*hungry* [39]desenfundar... *to unsheath my sword* [40]se... *she would hide*

miedo por primera vez en mi vida. Estaba solo y sin embargo había una presencia invisible allí, cerca de mí, que me observaba. Caminé sin rumbo,[41] buscando a la niña, llamándola, toda la noche.

—¿Y no pudiste encontrarla?

—No, nunca apareció... En algún momento me quedé dormido; estaba exhausto. Me desperté con los primeros rayos de sol, en medio de un valle desierto. Todo el cuerpo me dolía, sobre todo la cabeza, y sentía un calor muy fuerte en los ojos. Cuando volví al campamento descubrí, sorprendido, que los soldados ya no estaban.

—¿Qué hiciste, entonces?

—Regresé a mi casa, a mi esposa, y abandoné la armada del Cid Campeador. Nunca más volví a ser guerrero.

—¿Es verdad que mataste a la familia de esa niña?

—Es muy probable...

—¿Y piensas que fue ella quien te condenó?

—Quizás... para vengar la muerte de sus padres.

—Una niña abandonada y hambrienta no es capaz de hacerle daño[42] a nadie. ¡Y mucho menos de hacer hechizos!

—Tal vez...

—Tu historia es fantástica, Alfonso. Y muy racista.

—No entiendo lo que quieres decir.

—Según tu relato, los moros son seres diabólicos, magos vengativos.[43] Es la visión racista que se tuvo por mucho tiempo en España... Por suerte la gente ya no pien-

---

[41]sin... *aimlessly*   [42]hacerle... *harming*   [43]*vengeful*

sa así; hoy celebramos la cultura riquísima que los árabes nos dejaron.[44]

—No te he pedido una lección de historia, Marisol.

—Pues a mí me parece que la necesitas.

—¡La historia la he vivido yo en carne propia[45]!

—Lo que me cuentas no tiene sentido ni lógica.

—¡Estoy de acuerdo! Mi vida no se puede explicar con el lenguaje de la lógica... Yo no sé quién me convirtió en lo que soy. A veces pienso que me condené a mí mismo, yo solo. Y que la niña árabe simplemente me hizo ver la verdad de mis crímenes. Pero lo cierto es que después de aquella aparición, todo cambió para mí.

—¿En qué manera?

—Me convertí en un vagabundo. Pasaron los años, muchos años, y un día me miré en un espejo y me di cuenta que no estaba envejeciendo. ¡Estaba condenado a vivir eternamente!

—¿A eso le llamas venganza? Es un regalo maravilloso...

—Es la peor de todas las venganzas, Marisol. Porque para poder vivir, tengo que destruir a otros seres humanos. Mi destino es siempre destruir...

—¿Y te atormenta la destrucción que causas?

—Es una tortura para mí, sí. Es terrible porque... todas las personas que destruyo... son mujeres jóvenes y hermosas.

—¿Por qué son siempre mujeres?

---

[44]Muchas fueron las contribuciones de los árabes a la vida cultural de España. Entre los árabes había historiadores y matemáticos, astrónomos, médicos, filósofos, arquitectos. Los árabes hicieron también innovaciones en la agricultura; a ellos se les debe el sistema práctico de riego *(irrigation)* en España.   [45]en... *in the flesh*

—Porque yo les gusto, tal vez, y son fáciles de conquistar. Se enamoran de mí y luego... yo me sirvo de ellas, de su vida, para continuarme...

—Como un vampiro.

—Sí, pero no como el vampiro de la leyenda que les chupa[46] la sangre a sus víctimas. No. Yo les robo la energía mental. Y eso es peor que darles muerte.

«¡Dios mío!», exclamé para mis adentros. «Si todo lo que Alfonso me está contando es cierto», pensé, «ninguno de nosotros tendrá escapatoria. Carmen y sus compañeras. Javier y yo. Todos seremos sus víctimas.»

—Después de conocerme —continuó él—, las chicas empiezan a verme por todas partes. Pierden su voluntad muy pronto y se incorporan a mi secta, a la Sociedad de las Soñadas.[47]

—¿Por qué le llamas así a tu secta? —le pregunté.

—Porque esas mujeres se convencen de que yo las estoy soñando, de que existen gracias a mí. Creen que mi sueño es su fuente de vida.

—Las pobres —dije, desafiante—. Esas chicas no son tus sueños ni tus creaciones, Alfonso. ¡Son tus esclavas!

—No lo niego.

—¡Qué horror! —grité, convencida por completo de la maldad de aquel hombre. Y me atreví a preguntarle, temerosa—: ¿Qué les ocurre a esas víctimas... finalmente?

—Siguen viviendo el resto de su vida como autómatas[48] —respondió él—. Quedan sin pensamientos.

---

[46]*sucks* [47]*Dreamed Ones* [48]*automatons, robots*

Alfonso caminó hacia mí lentamente. Yo no quería mirarlo; no debía dejarme seducir. ¡Tenía tantos deseos de tocarlo! ¡de abrazarlo! No podía entender mis emociones. Mi mente y mi corazón rechazaban a Alfonso, pero mi cuerpo pedía el contacto de su piel, la fuerza de sus brazos, la pasión de sus besos.

Me puse de pie, consciente de que estaba cayendo en la trampa del vampiro.

—No tengas miedo —me dijo él—. No voy a hacerte daño.

—Entonces, ¿no soy una más de tus «soñadas»?

—No, tú no. A ti te he contado la verdad. Nadie, nunca, ha escuchado mi historia. ¿Qué mejor prueba quieres de mi amor?

—Yo no te he pedido pruebas, Alfonso.

—Antes de conocerte, pensé que serías una más, Marisol. Pero luego, cuando te vi, me di cuenta que eras diferente.

—¿Diferente... de qué forma?

—Te pareces a una mujer que quise hace muchos años, cuando era un hombre normal, soldado de Mío Cid.

—Esa mujer... ¿era tu esposa?

—Sí. Se llamaba Marina. ¡Cuánto la quería!

—¿Qué le pasó a Marina?

Alfonso no respondió; sólo dio un suspiro.[49] Pasaron los minutos y repetí la pregunta: —¿Qué le pasó a tu esposa?—. Vi entonces que Alfonso se acercaba a la puerta y la abría, dejando entrar la luz de la luna en el cuarto. En la inmensidad del cielo brillaban las estrellas. Desde mi

---

[49] *sigh*

sitio podía observarlas; eran llamas minúsculas, pequeños puntos de vida en el oscuro vacío de la noche.

Alfonso se quedó allí de pie, en el marco de la puerta, mirando hacia el cielo. ¿Qué estaría pensando? ¿Qué vería él allá arriba? Después de un largo silencio, su silueta imponente hizo un leve movimiento. Le escuché suspirar otra vez. Miró hacia mí. Y dijo entonces, ahogado en sollozos:[50]

—Marina murió...

—¿Por tu culpa?

—Sí. Marina fue mi primera víctima. Pero yo no sabía, ¡te juro que no sabía de mi poder!

—¿Quieres contarme lo que pasó?

—No sé si puedo...

La puerta se cerró de golpe y quedamos de nuevo sumergidos en la oscuridad. Alfonso se sentó a mi lado. Su mano fría me dio una caricia. Pero ahora, de repente, yo ya no deseaba el contacto de su cuerpo. Sentía más bien repulsión, asco.

Hice un esfuerzo por quedarme allí a su lado. Reprimí el impulso de echar a correr y escapar.

—Cuéntame lo que pasó —le pedí.

—Es muy doloroso recordar todo aquello —dijo él.

—Inténtalo —insistí.

—Está bien. Lo intentaré... Después de aquel encuentro con la niña árabe, regresé a mi casa, feliz de estar con mi esposa otra vez. Pasaron varios días y una noche me desperté, ansioso, sintiendo una presencia en el cuarto, algo invisible pero casi palpable. Me quedé paralizado allí unos minutos, en silencio, y poco tiempo después recibí el peor de todos los castigos[51]...

—¿Qué pasó? Continúa, por favor.

---

[50]*sobs*   [51]*punishments*

—Sentí en los ojos un calor intenso; traté de cerrarlos y no pude. Observé entonces a mi esposa que dormía tranquilamente a mi lado. La abracé y la desperté haciéndole el amor. El ardor[52] en los ojos continuaba, y también me ardía[53] la cabeza. Pero aquel calor no era producido por la pasión del sexo. Había una fuerza desconocida fuera de mí que me impulsaba, que controlaba mis movimientos. Me puse de pie con esfuerzo. Quería estar muy lejos de Marina. Tenía una premonición; algo horrible iba a ocurrir si me quedaba allí. «No te vayas, por favor», me pidió ella. Y volví a su lado. Segundos más tarde, empezaron a moverse las paredes. Escuché el grito de Marina y vi que de mis ojos a los suyos fluía un chorro de vapor.[54] Los gritos de mi esposa eran desesperantes. ¡Yo la estaba matando y no sabía cómo impedirlo! No podía detener aquel río de energía. Una voz que venía de mis adentros me dijo entonces: «¡Éste será tu destino, soldado!» Cesó[55] la transmisión de luz y me puse de pie, sintiéndome eufórico, impulsado por una nueva energía. Miré a Marina, inerte y demacrada[56] sobre la cama, vacía de vida. Me di cuenta de lo que había pasado, y me puse a llorar como un niño.

—La mataste...

—Sí... porque no sabía en aquel momento cómo detener el hilo de luz. Mucho tiempo después aprendí a controlarlo; aprendí a extraer energía sin matar por completo a mis víctimas.

—Entonces, ése es tu verdadero castigo, Alfonso. Ésa es tu condena: asesinaste a la mujer que amabas.

---

[52]*heat*   [53]*was burning*   [54]chorro... *river of steam*   [55]*Stopped, Ceased*
[56]*emaciated*

—¡Perdóname, Marina! —exclamó, abrazándome.

—Yo no soy Marina. Soy Marisol Guardiola —le dije, rechazando su abrazo.

—He pasado mi larga vida deseando el perdón de Marina, esperando su regreso. Y ahora... gracias a ti he encontrado a mi esposa.

—Eso es absurdo.

—¡Ella se ha reencarnado en ti, Marisol!

—Cada cual ve lo que quiere ver, Alfonso. Tú mismo lo has dicho, ¿recuerdas?

—Sí, y en ti quiero ver a Marina. Ella existe en tu mirada y en tu cuerpo.

—¡Te equivocas!

—Por eso voy a darte vida eterna. Sé cómo hacerlo. He aprendido a compartir el fuego interminable de mis venas. Puedo inundar tu piel y protegerte del paso del tiempo. Serás siempre joven. ¡Y serás mi amante!

—Yo no te quiero, Alfonso. No puedes obligarme a sentir amor por ti.

—No voy a obligarte a nada. Sólo te pido que me des la oportunidad de mostrarte mi amor... y mi poder.

—Ya conozco tu poder. ¡Suficientes pruebas me has dado! Te infiltraste en la unidad principal del Centro y anulaste todas sus funciones. ¿Cómo lograste entrar en la UP?

—Fue fácil. Puedo penetrar cualquier cerebro. ¡También los cerebros artificiales!

—Pues te ordeno que salgas ahora mismo de nuestro sistema.

—Está bien. Desde este momento el Centro funciona como siempre, libre de mi «virus».

—Gracias.

—Aunque el Centro no debe importarte, querida,

porque no vas a volver a ese lugar. Tú mereces[57] algo mucho mejor que ese simple trabajo.

—¡¿Cómo te atreves[58] a decidir mi futuro?!

—Perdóname, yo...

—¡Estoy tan cansada de tus fantasías! Me hiciste sufrir un temblor de tierra en Móstoles. Me persigues con tus mensajes y tus apariciones; me asustas.[59] ¿Así esperas conquistarme?

—Te pido mil perdones. No tengo mucha práctica en cuestiones del corazón... Sólo una vez he estado enamorado.

—De Marina...

—Sí, de mi amada Marina. De ti.

—Es posible que todavía... estés a tiempo de salvarte, Alfonso.

—No. Es demasiado tarde para mí.

—¿Qué pasaría si dejaras de «robar» mentes?

—No sé.

—Intenta hacerlo. Renuncia a la vida eterna.

—No. Ahora que te he encontrado, quiero vivir contigo para siempre... Marina.

—Yo no soy tu esposa, Alfonso. ¡Y no te amo!

—No me amas ahora, pero pronto me amarás.

Alfonso me besó en los labios, despertando otra vez mi deseo. ¡Cuanto me gustaban sus besos! Alfonso era un monstruo, una aberración inexplicable, un ladrón de la mente. Pero ahora por lo menos yo sabía que me estaba persiguiendo por amor. Ahora conocía su secreto.

---

[57]*deserve*   [58]¡¿Cómo... *How dare you*   [59]*you frighten*

Rodrigo Díaz de Vivar (1043–1099), más conocido como el Mío Cid. El poema épico *El Cantar de Mío Cid,* que cuenta las hazañas de este guerrero legendario, es uno de los textos más representativos de la época medieval.

El palacio de la Alhambra. La palabra *alhambra* significa «castillo rojo»; este castillo sirvió como palacio principal de los moros en Granada, la capital del reino árabe en aquel entonces. La construcción se inició en 1238 y no se terminó hasta finales del siglo XIV.

La mezquita de Córdoba. Durante los ocho siglos que vivieron en España, los árabes hicieron contribuciones importantes a la sociedad. Fueron expulsados en 1492, pero su presencia se siente todavía en Granada y Córdoba.

La sociedad de las soñadas

Capítulo 1

Tenía que escapar de allí, encontrarme con Javier. Ya habíamos conseguido las pruebas que necesitábamos: la confesión de Alfonso Navarrete. ¿Se habría grabado?[1] ¿La habría podido escuchar Javier con su receptor? Angustiada, pensé que quizás a mi novio le había pasado algo.

—No te preocupes por ese chico —me dijo Alfonso, leyéndome el pensamiento—. Javier te quiere, pero su amor es pequeño y efímero[2] comparado con el mío. No pienses más en él.

El mandato de Alfonso me hizo examinar una vez más mis sentimientos hacia Javier. Sólo necesité unos instantes para darme cuenta de lo mucho que le amaba.

—¡Olvídate de Javier! —me ordenó Alfonso.

—No puedo olvidarme de él —reaccioné—. No puedo olvidar al hombre con quien voy a casarme.

—¡Nunca! —dijo Alfonso, cerrando los ojos, como en un trance—. Serás mía solamente. ¡Me perteneces![3]

—¡Nadie es dueño de mi vida! —grité—. No soy una de tus débiles «soñadas», ¿me entiendes? No vas a poder

---

[1]¿Se... *Did it get recorded?* [2]*ephemeral, short-lived* [3]¡Me... *You belong to me!*

obligarme a nada. En cualquier momento va a llegar Javier con la policía. ¡Y pagarás por todos tus crímenes!

—No me hagas reír, querida —dijo Alfonso, arrancándome[4] del cabello la micrograbadora—. ¿Pensabas conseguir tu evidencia con este primitivo mecanismo?

—¡¿Qué le ha pasado a mi novio?! ¡¿Qué le has hecho?!

—Nada. Javier está durmiendo en uno de los muchos dormitorios de mi casa. Olvídate de él. Ese chico ya no existe para ti.

Sentí un vacío, como un lapso momentáneo de la memoria. Y luego el vértigo, una sensación de estar flotando. Escuché una voz lejana, voz de hombre que me decía...

—La aventura comienza. Voy a mostrarte mi pasado.

A pesar de mi letargo,[5] me mantuve[6] lúcida. Quería hacerle resistencia a aquella hipnosis.

—No me interesa tu pasado —dije.

—Viajemos juntos...

—¡No!

—Decide tú el lugar, el día, el siglo. Y te llevo allí, amada mía.

—Yo no... no quiero ir... a ningún sitio contigo.

—Dame la oportunidad de enseñarte las épocas que he presenciado, los momentos que he vivido.

—A mí... a mí sólo me importa el futuro.

—Pero al futuro no puedo llevarte.

—¿Por qué no?

---

[4]*tearing out*   [5]*lethargy*   [6]*me... I remained*

—Porque no existe todavía. El porvenir[7] vamos a crearlo tú y yo juntos.

—Yo no...

—¡La aventura comienza! ¡Viajemos en el tiempo!

—No se puede viajar en el tiempo...

—¡Yo sí puedo! Porque la realidad en este cuarto es una imagen que yo invento. Proyección de mis ideas. Visión de todas las experiencias que he tenido.

Volví a sentir el vértigo, ahora más intenso. Y de repente me olvidé de dónde estaba, de quién era...

—Está bien —dije, sorprendida de mis palabras, de aquella petición que salía de mis labios—. Llévame contigo. Déjame ser tu pasajera, tu invitada de honor.

Había perdido control de mis facultades. Mi voluntad[8] era de Alfonso. No me quedaba más alternativa que jugar su juego.

—Te llevaré, primero, al siglo XI —anunció él, con una voz grave y densa—. Podrás ver mis batallas junto al Cid.

—¡No, por favor! —imploré—. No quiero ver tus masacres.

—De acuerdo. Tampoco yo quiero verlas. Mejor te muestro los sitios legendarios de esta tierra. La embrujada Alhambra de los reyes árabes, por ejemplo. O la España de Cervantes:[9] aquella región de la Mancha donde el hidalgo[10] don Quijote encarnó[11] sus sueños; allí donde salvó doncellas[12] y descendió a los infiernos, donde combatió a

---

[7]*future* [8]*will* [9]Miguel de Cervantes (1547–1616) es el más importante novelista de la lengua española. Su obra maestra, *Don Quijote de la Mancha* (1605), está considerada como la primera novela moderna. Las aventuras del legendario don Quijote son conocidas mundialmente. El personaje es famoso, en parte, por sus sueños de ser caballero *(knight)* y por sus fantasías. [10]*nobleman* [11]*made real* [12]*damsels*

los monstruos convertidos en molinos.[13] Lo que tú quieras ver, ¡te lo entrego![14]

—El primer viaje... de Cristóbal Colón... —murmuré.

—¡Todas sus travesías[15]! Y también la Salamanca del trágico Unamuno,[16] Andalucía en los mejores días poéticos de Lorca[17]...

—El pueblo de Guernica... antes del bombardeo fascista.

—Lo verás todo. Viajarás junto a mí, Marisol... Marina.

Yo volaba y presenciaba aquellas épocas y sitios. Mi viaje era más vertiginoso[18] que el de Aladino en su alfombra. ¡¿Era esto posible?! Ya no existía en cuerpo, sólo en espíritu. Y mi espíritu era testigo de los eventos de la historia. ¡Cuánto hubiera disfrutado Javier de esta travesía! ¡Qué banquete histórico para sus ojos de periodista!

Caminé, extasiada, por el Patio de los Leones y todos los salones de la Alhambra durante el reino de los moros.

---

[13]*windmills*   [14]¡te... *I can give it to you!*   [15]*voyages, crossings*
[16]Miguel de Unamuno (1864–1936), escritor español nacido en Bilbao. Unamuno fue rector de la Universidad de Salamanca y tuvo gran influencia sobre los intelectuales de su época. Dos de los temas recurrentes en la obra de Unamuno son el cuestionamiento de la existencia de Dios y la búsqueda de lo espiritual. Sus novelas más conocidas son *San Manuel Bueno mártir* y *Niebla.*   [17]Federico García Lorca (1898–1936), escritor español nacido en Granada. Se le considera uno de los poetas más importantes de la lengua castellana, autor del poemario *Romancero gitano* (1928). Lorca es también excelente dramaturgo; sus obras de teatro se han representado en muchos países. Entre las más conocidas se encuentran *Bodas de sangre* (1933), *Yerma* (1934) y *La casa de Bernarda Alba* (1936).   [18]*dizzying*

Pude apreciar el esplendor de Toledo cuando era la capital de España. Y pisé, con Cristóbal Colón, la primera isla que exploró en el Mar Caribe. ¡Qué paisaje alucinante[19]!

Algo dentro de mí me impulsaba a combatir el trance. Algo me daba fuerza para seguir alerta. «Esto es un truco», me decía a mí misma. «Nadie puede viajar así en el tiempo. ¡Son puras imágenes, nada más!»

Sí, eran imágenes que me rodeaban; tenían olor y aparente consistencia. Todas las cosas parecían ser reales,

---

[19]*splendid, beguiling*

pero yo no podía tocarlas. Nada era tangible. No me sentía parte de aquellos lugares, sólo una admiradora de su belleza; me era imposible participar en la realidad de aquellos acontecimientos.

«Así deben sentirse los ángeles», pensé, mientras volaba. «Como testigos silenciosos del mundo, observadores distantes, espectadores solitarios de las acciones de la gente». Me invadió una profunda tristeza y sentí compasión por los ángeles. Yo no quería ser uno de ellos.

Comencé a descender. Los sitios que había visitado se proyectaron frente a mí, todos a la vez. El caos era asfixiante. ¡No podía respirar! Estaba a punto de desmayarme cuando, de pronto, me vi otra vez en el cuarto de Alfonso, acostada. El lugar estaba en penumbras[20] y hacía un frío intenso.

—Despierta ya, querida —me pidió Alfonso—. Hay alguien aquí que quiere hablar contigo.

Me puse de pie y traté de caminar. Tenía mareo. Di unos pasos hacia la puerta y, al abrirla, me encontré con Carmen.

—¡Carmen! —exclamé, feliz de verla—. ¡¿Estás bien?!

Ella, sin responder y sin mirarme, entró al cuarto y se sentó a los pies de Alfonso. Él comenzó a acariciarle el cabello. Carmen habló por fin; su voz era débil[21]...

—Te llamé, Marisol, y no contestaste mi llamada.

—¡Es que no estabas en casa, Carmen! —le expliqué.

---

[20]*semi-darkness* [21]*feeble*

—Necesitaba tu ayuda...

—Cuando escuché tu mensaje, llamé en seguida al colegio. Y me informaron que ya no vivías allí.

—Me estaba volviendo loca, Marisol. Muchas de mis compañeras también estaban enloqueciendo. Llorábamos, desesperadas, sin poder hacer nada para salvarnos. Todas abandonamos el colegio y vinimos aquí, guiadas por Alfonso...

—¡Tus víctimas! —le reproché a Alfonso, enfurecida. Él no reaccionó.

Carmen siguió narrando su terrible experiencia:

—Dentro de mi locura, pensé en ti, Marisol. Pensé que quizás podrías ayudarme. Tú parecías ser más fuerte que yo. Pero me equivoqué, ¿no es verdad? Eres igual que todas nosotras. Ahora tu única función será, como la mía, alimentar la vida eterna de nuestro creador, entregarle la mente y el espíritu.

—¡No, Carmen! ¡No dejes que Alfonso te destruya! Tienes que ser fuerte. ¡Míralo! ¡Enfréntate a él! ¡Dile que no vas a ser su esclava!

Se escuchó la risa de Alfonso. Una luz blanca, fosforescente, empezó a transmitirse de los ojos de Carmen a los del vampiro.

—¡Javier! ¿Dónde estás? —dije, casi sin voz—. ¡Javier, te necesito!

Segundos más tarde vi a Javier que derribaba[22] la puerta y entraba. Y vi al vampiro quien con la mano, sin tocar a mi novio, lo levantaba en peso y lo tiraba contra la pared. El pobre Javier cayó al suelo, desmayado.[23]

—Tu valiente héroe —me dijo Alfonso, sonriendo con

---

[22]*battered down* [23]*unconscious*

sarcasmo—. El infeliz[24] con quien deseas casarte. ¿Qué puede hacer por ti ese débil mortal?

—¡Javier! —grité, y corrí a su lado. Una mano invisible me retuvo[25] por los hombros, paralizándome. Los brazos de Alfonso me cargaron y me depositaron sobre suaves almohadas.

No podía moverme, pero estaba consciente de todo lo que me estaba pasando. Pude ver que en el cuarto aparecían, una a una, las chicas del colegio. Las compañeras de Carmen caminaban, sonámbulas,[26] y me rodeaban.

—Esta mujer que aquí yace[27] —les dijo Alfonso— es doña Marina, mi compañera. A partir de hoy, ella será vuestra reina.

La luz blanca inundó el lugar, zumbando[28] como el viento de un rincón a otro. Iba de los ojos de las chicas a los ojos del vampiro, sin parar. Las mujeres iban cayendo al suelo una a una. ¡Alfonso las estaba aniquilando!

---

[24]*wretch*   [25]*held*   [26]*sleepwalkers*   [27]*rests*   [28]*buzzing*

Capítulo 2

Sumergida en la inercia, víctima de una parálisis total, tuve entonces una idea brillante. ¡Le haría creer a Alfonso que yo, de verdad, era Marina! Si él amaba realmente a esa mujer, quizás estaría dispuesto a sacrificarse por su amor.

«Tengo que contarle una historia apasionada, revivir el idilio[29] de hace siglos», me dije a mí misma. «Tengo que convencerle de que soy Marina.» Traté de sentirme victoriosa, optimista, y me puse a rezar... «Ahora sé que el Mal existe. Pero también existes Tú y eres más fuerte. ¡Dame un poco de tu fuerza!»

Quise hablar, pero no pude. La única fuerza que me quedaba estaba adentro, en mi conciencia. ¡Todavía podía pensar! De hecho, mi lucidez era completa; escuchaba cada voz, cada palabra, todos los sonidos amplificados en mi cerebro.

—Alfonso —dije con la mente, sin hablar—. ¿Me escuchas, Alfonso? Ven. Quiero decirte algo.

Qué sorpresa cuando vi que la luz fosforescente se apagaba, que el vampiro se acercaba y se ponía de rodillas[30] a mi lado.

—Marina... me has llamado —me susurró al oído.

---

[29]*love affair*   [30]*se... knelt down*

—Sí, Alfonso —dije, ahora con mi voz normal.

—¡Lo sabía! ¡Sabía que ibas a volver a mi vida!

—Te he extrañado mucho, Alfonso.

—Y yo a ti, Marina.

—¿Me quieres... un poquito todavía?

—Más que quererte, ¡te adoro!

—Mi pobre Alfonso —murmuré, mientras le acariciaba los labios, los ojos, todo el rostro[31]—. Tu vida ha sido larga y solitaria.

—Ha sido una vida triste sin ti, Marina.

—Pero ya... no habrá más tristeza.

—¿Eres... de verdad... mi esposa?

—Créeme. Soy Marina.

—¿Me perdonas?

—Sí. Te perdono. Sé que no querías hacerme daño.

—¡Qué feliz me haces!

—He regresado porque tengo algo que pedirte, Alfonso...

—Lo que quieras, amor mío.

—Quiero que vengas conmigo.

—¿Adónde?

—Al cielo.

—¡No puedo! Estoy condenado a habitar este cuerpo.

—Si vienes conmigo, podrás vivir para siempre sin tener que destruir a nadie.

—¿Es posible, Marina... ?

—Te lo prometo. Ven conmigo, Alfonso. La eternidad es nuestra.

—¡Mentira! —gritó—. ¡El cielo no existe!

—Sí existe. Porque sin el cielo, yo no existiría.

---

[31]*face, countenance*

—Estás burlándote de mí, Marina.

—Te aseguro que no.

—¡Me tomas por tonto![32]

—Si no me crees, entonces destrúyeme. Destruye el cuerpo que habito, la vida de Marisol Guardiola.

—No...

—Róbame la mente como se lo hiciste a Carmen, como se lo hiciste a la otra Marina hace siglos. Vuélveme loca y... hazme tu esclava.

—No puedo hacer eso.

—¿Lo ves? Me consideras especial, única. En el fondo sabes que soy tu esposa.

—Marina... yo...

—Mi cielo es real y te espera, Alfonso. ¡Te espero yo, desde siempre!

Pasaron largos segundos de silencio. Empecé a preocuparme. Quizás Alfonso había descubierto mi mentira; quizás había decidido participar en mi farsa, divertirse un poco antes de destruirme. Si era cierto que él podía leerme la mente, sabía entonces cuál era mi verdadera identidad.

Pensé, aterrada, que nunca lograría engañar[33] a aquel soldado eterno y poderoso. «Sólo sería posible», pensé, «si él estuviera dispuesto a ceder, a dejarse vencer y darle fin a su suplicio[34]».

Alfonso quería que yo fuera su Marina, y ese deseo podía ser más fuerte que cualquier verdad.

---

[32]¡Me... *You take me for a fool!*   [33]*to deceive, fool*   [34]*torment, ordeal*

Hubo un temblor en el cuarto; se escuchó un estruendo, como de truenos, y se llenó el lugar de nubes. Eran nubes blancas, grises, negras. Nubes cargadas de lluvia.

Llegó a mí la voz de Alfonso, transformada por el miedo...

—¡Me estás pidiendo la muerte, Marina!

—Sólo la muerte de tu cuerpo.

—No puedo...

—En nombre del amor que sientes por mí.

—¡No puedo!

—Hazlo, Alfonso. Libera a Carmen, a todas las mujeres que te alimentan con sus pensamientos.

—No me pidas eso, Marina...

Las nubes se fueron y el cuarto quedó en completo silencio. Sólo se escuchaba la respiración agitada de mi capturador. El vampiro se veía agotado.[35]

—¿Cómo lo hago, Marina? —me preguntó.

Yo no sabía qué decirle. No tenía la menor idea de quién había creado aquella secta, la Sociedad de las Soñadas. ¿Cuál era la fuente del poder de aquel hombre? ¿De dónde provenía su magia? Era inútil tratar de descifrar esos enigmas. La única pregunta que importaba era aquélla: *¿Cómo lo hago?* ¡Tenía que darle una respuesta!

«Hay un detalle indiscutible», me dije a mí misma. «Esas chicas son seres verdaderos; no son sueños. Su situación es resultado de un truco magnífico, producto del deseo y la fantasía de un hombre... Quizás si Alfonso luchara contra ese deseo, si quisiera abandonar su fantasía, quizá entonces... »

---

[35]*exhausted*

—Todo lo que tienes que hacer —le dije por fin— es dejar de robarles la vida a tus víctimas. Rompe el hilo de luz y energía que conecta tu mente a sus mentes.

—Pero... ¿por qué? ¿Qué gano yo con eso?

—Ya te lo he dicho: a mi lado te espera un mundo de amor y felicidad.

—No creo que pueda —dijo él, vacilante.

—¡Querer es poder! —grité, firme—. Deja de torturar a esas chicas. ¡Usa tu magia para devolverles la memoria!

—Está bien, Marina...

—Tu castigo puede terminar si tú lo pides, Alfonso. Tienes que romper esta cadena[36] infinita.

—Lo intentaré...

—Diles a tus víctimas que la Sociedad de las Soñadas no existe. Deja de hacerles creer que tú eres su creador.

—Es que...

—Te espero, Alfonso. Te espera tu esposa. ¡Hazlo ya!

—No. Todavía no...

Alfonso me cargó;[37] sus brazos temblaban. Me depositó en el suelo y pude, entonces, moverme libremente. Experimenté el primer instante de victoria al notar que ya no estaba paralizada. De pie frente a Alfonso, vi el terror en sus ojos. Sus labios se acercaron a los míos y en su beso percibí un aliento de hielo.

—Cuando te conocí —me murmuró al oído—, pensé que dentro de ti vivía el espíritu de mi Marina. Y no esta-

---

[36]*chain* [37]*carried*

ba errado, ¿verdad? Supe, con sólo mirarte, que venías a buscarme, que me ayudarías a encontrar un poco de paz...

Alfonso miró hacia las mujeres inertes en el suelo. Segundos después las vi moverse; lloraban, gemían.[38] ¡Estaban vivas!

Él continuó diciéndome:

—Seas quien seas realmente, te estoy agradecido. Porque tu presencia me ha brindado[39] el valor necesario para combatir el miedo. ¡Qué emoción tan humana! Esa emoción me ha obligado a vivir una vida que detesto. Pude haberla terminado hace mucho tiempo y no lo hice por miedo. Miedo al castigo de mis crímenes. Miedo a la nada, al fin.

Alfonso miró otra vez a las chicas. Les pidió, con un gesto, que se levantaran. Ellas empezaron a hacerlo con gran esfuerzo.

Él se acercó a mí para darme un último beso. Vi las lágrimas correr por sus mejillas. Escuché su lamento...

—¡Ésta es mi verdad más grande! Ya no puedo seguir viviendo así, odiando lo que soy y lo que he sido... Odio[40] esta sociedad maldita de mujeres sin mente, dedicadas a mí. ¡Odio este cuerpo viejo que ya se cansa de robar!

La misma luz de antes, fuerte y cegadora,[41] volvió a brillar y a zumbar como un ciclón. Pero ahora se transmitía de los ojos del vampiro a los ojos de las mujeres. ¡Alfonso les estaba devolviendo la memoria!

—¡Marina! —decía, retorciéndose[42] en el suelo—. Tengo miedo. Por segunda vez en mi vida, Marina, ¡mucho miedo!

---

[38]*they were moaning*   [39]*ha... has given me*   [40]*I hate*   [41]*blinding*
[42]*writhing*

—No temas, Alfonso —le dije, de rodillas a su lado—. Estoy aquí contigo.

El ladrón de la mente empezó a desintegrarse, a fragmentarse en pequeñas esferas negras. Los fragmentos circulares de Alfonso se dispersaban por el aire y volvían, repetidas veces, a tomar la forma completa de su cuerpo.

—¡Marina! —gritaba.

Sentí compasión por él. Pero de inmediato comprendí que su muerte era una muerte necesaria. Nadie podía salvar ahora a aquel ser moribundo, enamorado.

—¡Marina, me muero! —gritó por última vez. Y vi que Alfonso se arrugaba como una fruta seca, que adquiría su apariencia verdadera: la imagen repulsiva de un monstruo milenario. Y lo vi convertirse en un montón de polvo, una pequeña montaña de arena gris: su cuerpo.

Se oyó el quejido[43] de una mujer, y después otro y otro. Todas las chicas estaban gritando. Se tocaban sus propios cuerpos, se palpaban,[44] se reconocían a sí mismas. Todas volvían a la vida.

Carmen corrió a mi lado y me abrazó. Y vimos, abrazadas, que también Javier volvía en sí.[45] Lo ayudé a incorporarse[46] y salimos todos de aquel cuarto. Afuera nos esperaba una tibia madrugada de verano. El futuro.

---

[43]*moan* [44]se... *they were touching their bodies* [45]volvía... *came to*
[46]*stand up*

La Mancha, región donde tiene lugar la novela de Miguel de Cervantes.

La Alhambra. Entre sus salones más impresionantes se encuentra el Salón de los Embajadores *(izquierda);* el Patio de los Leones *(arriba)* también es esplendoroso.

La Alhambra. El Salón de los Embajadores.

Vista de Toledo, cuadro del pintor greco-español Domenico Theotocopuli (1544–1614), más conocido como El Greco. «Ya no existía en cuerpo, sólo en espíritu», narra Marisol. «Y mi espíritu era testigo de los eventos de la historia… Pude apreciar el esplendor de Toledo cuando era la capital de España…. »

Aclaración final

Ha pasado casi un año desde aquella noche en el cuarto de las simulaciones. En todo este tiempo no he recibido más mensajes ni visitas de Alfonso. Y no he vuelto a soñar con él.

He releído mi diario varias veces, siempre con la misma sensación de sorpresa. Al convertirme en lectora de mi relato, he tenido la impresión de que nada me ocurrió a mí, sino al personaje de una novela. Pero la verdad es que todo me pasó tal como yo lo cuento.

Relatar la historia de un criminal me ayudó a entender la enorme tragedia de sus crímenes. Escribir sobre un don Juan me hizo pensar seriamente en el amor; me obligó a definir lo que esa emoción significa para mí.

Me preocupa la posibilidad de que Alfonso siga viviendo a través de mis palabras, de que se perpetúe su poder en la imaginación de los lectores. Pero confío que del polvo de su cuerpo enamorado, no pueda renacer jamás el alma[47] de un vampiro.

---

[47] *soul*

Antes de poner punto final, quiero agregar unos breves comentarios de todas las personas que aparecen en mi relato. Con estas palabras concluye —espero que para siempre— la crónica del ladrón de la mente.

Javier describió así, en un artículo, la experiencia que tuvo aquella noche fatal:

Alguien me golpeó la cabeza cuando esperaba escondido en el traspatio de la mansión. Perdí la conciencia y, cuando desperté, estaba en una habitación desconocida. Empecé a escuchar la voz de Marisol, pidiéndome ayuda, y en ese momento comprendí que me encontraba en la casa de Alfonso Navarrete.

Salí corriendo y llegué, sin saber cómo, al cuarto donde estaba mi novia. Al entrar, la vi y quise abrazarla, protegerla. Pero una fuerza sobrehumana me empujó[48] y caí al suelo, otra vez sin sentido... Marisol tuvo que salvarse ella sola...

Mi novio dio a conocer de inmediato la existencia de Alfonso Navarrete. En otro de sus artículos, informa:

La policía no encontró cadáver alguno en el «cuarto de las simulaciones», sólo un montón de polvo. A través de pruebas científicas se ha descubierto que este polvo tiene, en efecto, casi novecientos años...

---

[48]me... *pushed me, shoved me*

Carmen y sus compañeras del colegio se encuentran bien, aunque todavía un poco traumatizadas.

—¡Y no es para menos! —dice Carmen—. Alfonso Navarrete se infiltró en nuestras vidas y borró los límites entre la realidad y el sueño...

La terrible experiencia tuvo, a pesar de todo, un resultado positivo: la amistad que surgió entre todas las «soñadas».

—Somos como hermanas —Carmen explica—. La tortura que sufrimos con ese maldito vampiro nos marcó en lo más profundo, pero también nos unió de una manera especial. Ahora tengo una nueva familia.

Carmen ha reanudado[49] sus estudios de psicología con fervor y entusiasmo. Según ella, su propio caso es motivo suficiente para emprender esta carrera. Tiene mucho que descubrir y aprender sobre sí misma.

—No me ha sido fácil volver a una rutina normal —confiesa Carmen—. Afortunadamente, me he estado tratando con una excelente psicóloga que me recomendó Marisol. Esta «encogedora de cerebros» (así le llama ella, en broma) es amistosa, comprensiva, y ha tratado de analizar mis descabelladas[50] aventuras. Debo admitir que mi psicóloga tiene sus defectos. Por ejemplo, hace demasiadas preguntas y no siempre ofrece respuestas. También le es difícil captar mi sentido del humor. ¡No le parecen nada cómicos mis chistes! Pero bueno, nadie es perfecto. Lo importante es que esta «shrink» (otro de los nombres que le da Marisol) me ha ayudado a tener otra vez confianza en mí misma. Sus preguntas me han motivado a cuestionar lo

---

[49]ha... *has resumed*   [50]*wild, crazy*

que busco, quién soy, quién quiero ser. Gracias a esta locuaz[51] consejera, he podido recuperar la cordura[52] que perdí con Alfonso. ¡He vuelto a sentirme optimista! Y le debo este optimismo, en gran parte, a un inteligente cerebro de software llamado PS.

✻

La vida de Rocío ha cambiado bastante. Terminó sus estudios y consiguió empleo. Le ofrecieron el puesto de directora en la Clínica del Bienestar, donde trabajaba como consejera.

Al principio mi hermana tuvo dudas con respecto a la oferta. Se preguntaba si era ella la persona adecuada para el puesto. Después de pensarlo muy bien, aceptó dirigir la clínica. Se sintió conquistada por la posibilidad de hacer un trabajo importante y necesario, poniendo en práctica todo lo que aprendió en sus cursos de psicología.

El sueldo que recibe es muy bueno, pero también es enorme la cantidad de obligaciones que tiene. Estamos las dos tan ocupadas que casi no nos vemos. Yo bromeo con ella a veces, cuando nos encontramos en la cocina durante el desayuno.

—¡Qué vida tan agitada tenemos las yuppies! —le digo, riéndome. Y ella reacciona siempre igual:

—¡No me incluyas a mí en ese grupo!

Luego las dos nos echamos a reír.

Hace tiempo que Rocío no analiza mi personalidad. Lo irónico es que ahora extraño sus frecuentes análisis. Estoy por fin convencida del sexto sentido de mi hermana,

---

[51]*loquacious, talkative*   [52]*sanity*

de su don[53] especial para entender a los demás. (¡Para entenderme a mí!) Por lo general, no tiene que hablar mucho con una persona para saber cómo es, cómo piensa. Con respecto a Alfonso Navarrete, ¡obviamente no se equivocó!

Javier y yo nos hemos comprometido[54] para casarnos. Él pidió mi mano oficialmente, para complacer a mi madre, aunque todavía no hemos fijado la fecha de la boda.

    En un artículo titulado «La palabra más importante», mi novio describe así nuestro feliz encuentro...

Madrid (España Press) ¡Suceso extraordinario! Marisol y Javier volvieron a encontrarse después de una breve separación. Para celebrar su compromiso,[55] fueron a un salón de baile espectacular. Bailaron toda la noche al ritmo de una música suave y romántica. (¡Milagro! ¡Los pies de Marisol no sufrieron esta vez!) Cuando amanecía,[56] dieron una larga caminata por el Retiro. (Javier no se cayó al lago ni pisó materias caninas malolientes.[57]) La mañana estaba fresca y había un silencio delicioso en el lugar. El parque fue un contexto ideal...

«Marisol», dijo el periodista, «quisiera describirte lo que siento. Ojalá que pueda. A veces las palabras no sirven para expresar los sentimientos... »

«Creo que sé lo que estás sintiendo», dijo ella.

«Cuando nos separamos», agregó él, «traté de borrarte de mi vida. Pensé que era eso lo que querías: mi olvido. Luego, cuando me llamaste y me pediste ayuda, quise ser fuerte y brusco. Quise mostrarte que ya no me importabas.

---

[53]*gift*   [54]*nos... have become engaged*   [55]*engagement*   [56]*it was daybreak*   [57]*foul-smelling*

Pero no pude, Marisol. La verdad es que al oír tu voz, sentí la alegría más grande... »

Marisol reaccionó con la siguiente confesión:

«Yo pensaba que nuestra unión sería demasiado típica, quizás opresiva. Creía que la libertad y el amor eran incompatibles.»

«Pero no lo son, ¿verdad?»

«No. Gracias a ti creo en el amor, Javier.»

«Y yo creo en nosotros, en nuestra libertad... ¿Quieres casarte conmigo, Marisol?»

Ella respondió con una sola palabra: la más importante de todas.

Estoy muy contenta con mi trabajo. El Centro de Informática Siglo XXI funciona mejor que nunca. Sé que a mi jefe todavía le es difícil creer todo lo ocurrido. Desde aquel día de la catástrofe en el Centro, no hemos hablado del «virus», ni hemos discutido abiertamente la aparición de Alfonso en mi vida. Pero al menos hemos vuelto a tener una relación cordial y profesional. Yo sigo encargada del Departamento de Documentación, y tengo acceso a la unidad principal.

Quién sabe lo que esté pensando mi jefe. Él es un hombre de ciencia que nunca se ha cuestionado los misterios del mundo. Quizás en el fondo siga creyendo que la historia del vampiro es pura invención mía, «un rollo de ciencia ficción», como le ha llamado él. O quizás me crea y no pueda admitir la existencia de un ser como Alfonso; quizás haya tratado de explicarse a sí mismo, con el lenguaje objetivo y científico de la informática, la «verdad» de mi relato. Quién sabe.

Supongo que la publicidad que recibió el Centro contribuyó un poco a incrementar nuestras ventas. (Estuvimos en primera plana[58] en casi todos los periódicos del país.) Me gustaría pensar, sin embargo, que nuestro éxito se debe a la alta calidad de nuestros productos, al entusiasmo con que hacemos nuestro trabajo. Modestia aparte, se debe también al programa que preparé, *Psychology Software 2000*. La famosa psicóloga PS se ha vendido más que ningún otro producto en la historia del Centro. Ha sido un *bestseller* en España y en la América Latina.

Incluyo aquí, en conclusión, uno más de mis diálogos con la popular psicóloga...

Hola, PS. Soy Marisol.
¿CÓMO ESTÁS, MARISOL?
En perfectas condiciones.
TE NOTO MUY POSITIVA.
Me siento positiva.
¿HAY UNA RAZÓN ESPECIAL?
Sí. Voy a casarme.
¡ENHORABUENA![59]
Gracias, PS.
¿CON QUIÉN VAS A CASARTE?
Con Javier, por supuesto.
¿ESTÁS ENAMORADA DE ÉL?
Muy enamorada.
TRATA DE DESCRIBIR LO QUE SIENTES.
Para empezar, confío totalmente en Javier. Me gusta estar con él. Le quiero y le admiro. Somos amigos del alma.
CONFIANZA. COMPAÑÍA. AMOR. ADMIRACIÓN. AMISTAD DEL ALMA...
Así es.

---

[58]primera... *front page*   [59]*Congratulations!*

PERO... ¿YA NO TE SUBYUGA EL OTRO HOMBRE?

¿Alfonso? Por suerte ya no existe.

¿QUÉ LE PASÓ?

No puedo contártelo. Es una historia muy larga y complicada.

YO ESTOY PROGRAMADA PARA ESCUCHAR HISTORIAS LARGAS.

Sí, pero yo no estoy programada para contarlas.

¿ESTÁS SEGURA DE ESO? YO DIRÍA QUE TIENES MUCHO TALENTO PARA CONTAR HISTORIAS LARGUÍSIMAS.

¿Y cómo lo sabes?

ES... UNA INTUICIÓN.

¡Los programas no tienen intuiciones!

ES VERDAD. ESTABA SIMPLEMENTE... BROMEANDO.[60]

Los programas tampoco saben bromear.

TE EQUIVOCAS. YO TENGO UN GRAN SENTIDO DEL HUMOR.

¿De verdad que quieres escuchar la historia de Alfonso?

SÍ, DE VERDAD.

Bueno. Había una vez[61] un soldado español...

---

[60]*joking*   [61]Había... *Once upon a time there was*

Actividades para los estudiantes

I. BANCO DE DATOS

A. LOS EPÍGRAFES: LA REALIDAD Y LOS SUEÑOS

Muchas novelas comienzan con un epígrafe. Los epígrafes sirven de introducción a la historia y dan claves para la temática de la obra. Lea los dos epígrafes en la página XIV y responda.

1. ¿Qué significan para usted estos versos?
2. ¿Qué tipo de historia evocan?
3. ¿Puede usted imaginarse lo que va a pasar en la novela después de leer estos epígrafes?

B. LOS TEMAS DE MARISOL

Marisol dice que empezó a escribir su diario para explorar temas que la inquietaban: el amor, el matrimonio, la familia, el éxito, la libertad. ¿Son importantes estos temas para usted?

1. Escoja uno o más de estos temas y comente la importancia que tiene(n) en su vida. ¿Cuál es el de más interés para usted? ¿el que menos le interesa?
2. Comparta sus ideas con sus compañeros de clase. ¿Tienen ustedes los mismos sentimientos sobre ciertos temas?

C. EL DIARIO

Hay personas que apuntan sus pensamientos en un diario todos los días. Otras prefieren anotarlos sólo de vez en cuando. Marisol escribe esporádicamente en su«banco de datos». ¿Y usted?

1. ¿Tiene o ha tenido alguna vez un diario en su vida? Si lo tiene, ¿apunta sus ideas diariamente o sólo de vez en cuando?

2. ¿Por qué escribe (o no escribe) usted sus pensamientos en un diario? ¿Cuáles son sus razones?
3. ¿Cree que una persona puede aprender algo de sí misma escribiendo sus pensamientos más íntimos? ¿Qué va aprendiendo Marisol acerca de sí misma a medida que escribe en su «banco de datos»?

D. LOS PASATIEMPOS Y EL ARTE

En su tiempo libre, a Marisol le gusta ir al cine, al teatro, a las fiestas y a los museos. También le gusta pasear por el parque con su novio.

1. ¿Disfruta usted de estas actividades? ¿Cuáles prefiere?
2. ¿Le gustan los museos? ¿Hay museos interesantes en su ciudad? ¿Cómo se llaman? ¿Qué tipo de arte exhiben?
3. Marisol dice que el cuadro *Guernica* la conmueve mucho. Ella expresa sus deseos de ayudar a las víctimas de la guerra. ¿Qué emociones evoca en usted este cuadro? Mire la foto de la obra de Picasso en la página 29. ¿Qué siente al verlo?
4. ¿Tiene usted algún cuadro favorito? ¿Hay alguno que le conmueva tanto como *Guernica* conmueve a Marisol?

E. LAS CONVERSACIONES ENTRE LOS NOVIOS

Javier, el novio de Marisol, es periodista. Él le escribe a su novia breves artículos que narran la evolución de su noviazgo. El primer artículo de Javier se titula «Cupido está vivito y coleando» y en él describe su encuentro con Marisol en la discoteca.

1. En general, ¿cómo son los primeros encuentros de las parejas? ¿Les es difícil a los futuros novios encontrar temas de conversación? ¿De qué hablan normalmente?
2. ¿Tiene usted novio/a o esposo/a? ¿Dónde se conocieron? ¿De qué hablaron la primera vez?
3. Con su compañero/a, escriba una conversación imaginaria entre Javier y Marisol en la discoteca. Incluyan comentarios sobre la música, el baile, sus profesiones, sus pasatiempos, y su paseo por el Parque del Retiro después de bailar. Luego, presenten su pequeño diálogo teatral a la clase. ¡Traten de darle a su obra un toque cómico o dramático¡

F. FORMAS DE ESCRITURA: EL PERIODISMO Y EL DIARIO

Marisol opina que su novio es muy romántico y que tiene buen sentido del humor. Sabemos su opinión porque la apunta en su diario. Javier también presenta, de otra manera, sus pensamientos. Cada uno expresa por escrito lo que siente hacia el otro.

1. ¿Cree usted que hay más semejanzas que diferencias (o viceversa) entre los dos tipos de escritura: la forma periodística de Javier y el diario de Marisol?
2. ¿Qué medio de escritura cree usted que prefiere cada uno de ellos: lápiz y papel, el ordenador (la computadora), o prefieren utilizar ambos?
3. ¿Por qué es importante el medio que uno utiliza para escribir? ¿Qué opina Marisol respecto a este tema? ¿Qué opina usted?

G. DOS GENERACIONES DE MUJERES: LOS TIEMPOS CAMBIAN

Hay una brecha (*gap*) generacional entre Marisol y su madre. Las dos son mujeres muy distintas. Haga una comparación entre el modo de vivir de Marisol y el de la madre de ella.

1. ¿En qué manera representa la madre de Marisol a la mujer tradicional? ¿Cuáles son las cualidades típicas de este tipo de mujer?
2. ¿Cómo encarna Marisol la imagen de la mujer moderna? ¿Qué características tiene la mujer moderna?
3. Mencione varios personajes femeninos de la literatura, el teatro, el cine o la televisión, principalmente mujeres conocidas por su actitud tradicional o por su carácter ultramoderno. ¿Qué opina usted de estos personajes?
4. Describa a las mujeres de su familia. ¿Son tradicionales o más bien modernas? ¿Hay mujeres de ambos tipos? ¿Crean conflictos las diferencias entre ellas?
5. ¿Cree usted que la tecnología juega un papel importante en la modernización de la mujer? ¿Cómo?

H. LA ERA DE LA MECANIZACIÓN: ¿Y LA HUMANIDAD?

Marisol es especialista en informática y sabe diseñar programas para sistemas sofisticados. Ella trabaja con un programa especial, *Psychology Software 2000* (PS), que funciona como un psicólogo mecánico.

1. ¿Tiene usted un ordenador (una computadora)? ¿Usa mucho este aparato? ¿Cuál es su programa favorito?
2. ¿Qué opina usted sobre la tecnología avanzada?
3. ¿Cree que la interacción con el ordenador (la computadora) distrae a veces a la gente de sus responsabilidades personales? ¿Pierde una persona el sentido de humanidad al hacer del ordenador (de la computadora) el centro de su vida?
4. ¿Piensa que PS 2000 puede ayudar a sus clientes tanto como un psicólogo humano? ¿Por qué (no)? ¿Por qué dice usted eso?
5. ¿Es posible que una persona dependa tanto de las máquinas que empiece a mecanizarse en sus relaciones sociales? ¿Conoce a alguna persona así? Descríbala.

II. EL CUARTO DE LAS SIMULACIONES

A. LOS PLANES PARA EL SÁBADO

Carmen ha invitado a Marisol y Rocío a una fiesta en casa de su novio Alfonso el sábado por la noche. Rocío dice que no puede ir porque tiene que estudiar. Ella piensa, además, que el novio de Carmen es muy raro. Rocío no quiere que su hermana vaya a la fiesta tampoco, pero Marisol tiene muchas ganas de ir y divertirse.

1. ¿Cuáles son algunas actividades típicas de usted el sábado por la noche? ¿Suele estudiar como Rocío? ¿Prefiere divertirse?
2. En general, ¿qué tipo de problemas resultan en una fiesta? ¿Cuáles suelen ser las causas de estos problemas? ¿Cómo se resuelven?
3. Rocío le dice a Marisol que intuye algo extraño. ¿Ha tenido usted presentimientos sobre algo que iba a pasar en su vida?

¿Cuál fue esa experiencia? ¿Tenían fundamento sus intuiciones?

B. LA ESTABILIDAD Y LA AVENTURA: ¡EL PSICÓLOGO SABE!

Al considerar el matrimonio, Marisol siente que no puede aceptar la propuesta de Javier en estos momentos. Ella ama a su novio, pero no quiere casarse con él todavía. ¿Cuáles son sus razones?

Imagínese que usted es psicólogo/a y tiene que analizar el estado mental de Marisol. Prepare un informe en el que describe lo que descubre. Considere las siguientes preguntas al preparar el informe.

1. ¿Qué representa Javier para Marisol: la estabilidad o la aventura? ¿Y Alfonso? ¿Quién es más misterioso y enigmático? ¿Quién es sincero y honesto?

2. ¿Por qué prefiere Marisol pasar su tiempo con Alfonso en estos momentos? ¿Qué le ofrece este hombre que su novio no le ofrece?

3. ¿Cree usted que Marisol pasa demasiado tiempo en el Centro de Informática Siglo XXI trabajando con su ordenador (computadora)? ¿Cómo la afecta esta actividad? ¿Tiene el trabajo algo que ver con su deseo de estar con Alfonso? ¿Influye en su decisión de separarse de Javier por un tiempo?

4. ¿Qué prognosis le va a ofrecer usted a su paciente? ¿Qué debe hacer Marisol para cambiar su situación o mejorarla? ¿Qué le recomienda usted que haga?

C. LOS OJOS DE ALFONSO: EL PODER DE SU MIRADA

¿Qué efecto tiene la mirada de Alfonso en Marisol? Después de conocerlo por primera vez, la narradora hace una breve descripción de Alfonso en su diario: «tiene una mirada penetrante, ojos negros muy grandes». Ella piensa que es guapo, pero le molestan ciertas cosas de él y menciona que «lo más perturbador fue la manera en que me miraba... »

1. ¿Pueden los ojos decir mucho sobre la personalidad de un individuo? ¿Qué revelan de la persona el color, el tamaño y la expresión de los ojos?

2. ¿Conoce usted a alguien que tenga una mirada penetrante como la de Alfonso? ¿Cómo se siente usted cuando esa persona lo/la mira? ¿Se siente cómodo/a o incómodo/a? ¿Por qué?
3. ¿Qué otros tipos de miradas hay? Describa los efectos que producen estas miradas en usted. ¿Cómo describiría su propia mirada?
4. ¿Hay alguna superstición alrededor del poder de los ojos? ¿Conoce algún dicho popular sobre los ojos y/o la mirada?

D. EL CUARTO DE LAS SIMULACIONES: FANTASÍA Y PRESAGIO

Durante la fiesta, Alfonso lleva a Marisol al «cuarto de las simulaciones». Le enseña un cuadro que muestra figuras de mujeres en poses sensuales. Estas figuras se transforman en nubes; entre las nubes aparecen los ojos y después la cabeza de Alfonso. Marisol reconoce su mirada.

Con sus compañeros/as, comenten lo siguiente:

1. ¿Se puede explicar lógicamente la transformación del cuadro? ¿Cree usted que todo ocurre en la mente de Marisol? ¿Por qué (no)?
2. ¿Qué quiere decir Alfonso cuando afirma: «Cada cual ve lo que quiere ver»? ¿Es ésta una referencia indirecta a la fantasía? ¿En qué manera?
3. ¿Hay otros hechos extraños asociados con el «cuarto de las simulaciones»? ¿Tiene Marisol otra experiencia fantástica allí?
4. ¿Qué representa el cuarto de las simulaciones? ¿Sirve como presagio de otros sucesos misteriosos que posiblemente van a ocurrir más tarde? ¿Cree usted que Marisol va a volver a este cuarto en algún punto de la historia? ¿Cuándo será y qué pasará?
5. Los ojos de Alfonso aparecen otra vez como motivo central en este episodio. ¿Son todas las referencias a las miradas de Alfonso algo que conduce a la explicación de su misterio? Con su compañero/a busque una posible explicación al poder misterioso de Alfonso en relación con sus ojos. ¡Imagínense el pasado de este hombre! ¿Cómo fue su niñez? ¿Tuvo alguna

experiencia extraordinaria cuando era joven? ¿Por qué hay tanto poder en su mirada? ¿De dónde le viene ese poder? ¿Guarda él algún secreto?

E. ALFONSO EL MACHO

Alfonso se comporta como un hombre machista durante la fiesta: no le hace caso a su novia, flirtea con Marisol, y define a las mujeres como «objetos».

1. ¿Conoce usted a algún hombre que manifieste actitudes de macho? Descríbalo. En general, ¿cómo se comporta este individuo con las mujeres?
2. Al descubrir el cuadro de las mujeres semidesnudas, Marisol observa que es una típica fantasía masculina. ¿Cuál sería, entonces, una típica fantasía femenina? Describa el estereotipo de la mujer en contraste con el del hombre tal como lo representa Alfonso. ¿Puede una mujer ser machista?
3. Haga una comparación entre las actitudes típicas de un macho y las de un hombre que no sea machista. ¿Cuál de los dos sería Javier?
4. Mencione personajes famosos (del cine, de la literatura o la televisión) que sean conocidos por su machismo. ¿Hay otros que tengan fama de no ser machistas?

F. LA CONFUSIÓN DE MARISOL: ¡LA CONSULTA ES OBLIGATORIA!

Después de la fiesta, Marisol queda muy confundida con respecto a los extraños sucesos que presenció: la transformación del cuadro de las mujeres; su transportación del «cuarto de las simulaciones» a la sala de la fiesta sin moverse; la canción árabe; la transformación de la cara del chico con quien bailaba. Marisol sufre una crisis y necesita ayuda; decide pedirle consejos al psicólogo mecánico, PS.

1. Con su compañero/a, creen un diálogo en el que hagan los papeles de PS y Marisol. PS tiene la responsabilidad de aconsejar a Marisol para que resuelva los enigmas de la fiesta. Marisol tiene que escuchar bien los consejos de PS.

PS debe escoger entre las opciones que siguen la que mejor le serviría a Marisol (o sugiera otras opciones) en su búsqueda de la verdad. Explíquele por qué sería lo mejor para ella en estos momentos: a) hablar con Javier; b) hablar con su hermana y su familia; c) visitar a un psicólogo real, no mecánico; d) confiar en Dios e ir a la iglesia a rezar; e) visitar a Alfonso en su casa durante el día; f) meditar sobre lo que ha pasado; g) ¿ ?

Si Marisol está de acuerdo con las sugerencias, las acepta y le dice a PS cómo las va a poner en práctica para encontrar la verdad. Si no está satisfecha con los consejos, tiene que decir por qué. Entonces PS debe escoger otra opción hasta que Marisol la acepte y tenga un plan de acción satisfactorio.

2. ¿Qué hace usted en momentos de crisis? ¿Le pide ayuda a algún amigo o a alguien con experiencia profesional? ¿Confía en un ser superior como, por ejemplo, Dios? ¿Prefiere resolver la situación solo/a?

III. LA BIENVENIDA

A. FORMAS DE ESCRITURA: EL ORDENADOR Y LA ESCRITURA A MANO

Marisol decide dejar de escribir en su diario por un tiempo. Después de casi cuatro meses vuelve a escribir, pero esta vez usando su ordenador (computadora) personal. Dice que es más rápido así.

1. ¿Tiene usted un ordenador (una computadora)? ¿Cómo prefiere escribir, a mano o con un ordenador (una computadora)? ¿Por qué?

2. Haga una lista de las ventajas y desventajas de usar un ordenador (una computadora) en vez de escribir a mano. ¿En qué manera son muy útiles estos aparatos? ¿Pueden ser peligrosos o hacerle daño a la gente? ¿Por qué?

3. Considere la importante función que ha tenido el ordenador (la computadora) en los últimos quince años. ¿De qué forma ha facilitado el trabajo en muchos negocios? ¿Qué negocios en especial se han beneficiado? ¿Qué servicios puede prestar el ordenador (la computadora) en el trabajo de la casa?

B. ALFONSO EL MISTERIOSO: ¡USTED DESCIFRA SU MISTERIO!

Un día, cuando Marisol estaba trabajando en el Centro, se le apareció misteriosamente la imagen de Alfonso en la pantalla. Sus ojos eran incitantes y se escuchó una voz electrónica que decía: *La Sociedad te da la bienvenida.* Al día siguiente Marisol y Alfonso se reunieron en un café y él le dijo lo siguiente: «Quiero que hablemos de nosotros, de la aventura fantástica que vamos a emprender juntos»; «Te conozco mejor de lo que te imaginas»; «Eres la escogida»; «Este poder que tengo es real, y quiero compartirlo contigo. Porque te amo.»

¿Son estos comentarios un preámbulo de la acción futura? Imagínese que usted es adivino/a (*fortuneteller*) y tiene la obligación de contarle a Marisol lo que usted ve de su futuro con Alfonso. Deje volar su imaginación y proyecte el futuro considerando estas preguntas:

1. ¿Cuál es esa Sociedad que le da la bienvenida a Marisol? ¿Cuál será la función de Marisol en esa Sociedad? ¿Para qué es ella «escogida»?
2. ¿Cuál es la aventura fantástica a la que hace referencia Alfonso?
3. ¿Cómo es posible que Alfonso conozca tan bien a Marisol y que ella no lo conozca a él? ¿Quién es Alfonso? ¿Cuál es el origen de su poder?
4. ¿Ama Alfonso de verdad a Marisol? ¿Cómo van a terminar las relaciones entre ellos?

C. EL REGRESO AL HOGAR

Marisol recibe otro fax de Javier y empieza a reflexionar sobre el matrimonio y la familia. En estos momentos ella se siente muy unida a su hermana y las dos deciden ir a Móstoles para visitar a sus padres.

1. ¿Qué significa el regreso al hogar para Marisol y su hermana? ¿Regresan realmente para ver a sus padres y descansar o hay otros motivos? ¿Cuáles son?
2. ¿Cómo es la familia de Marisol? ¿Es tradicional o tiene actitudes modernas? Describa los papeles de la madre y el padre. ¿De qué temas hablan? ¿Cuál es la función de cada uno?

3. ¿Regresa usted mucho a casa de sus padres? En general, ¿por qué va? ¿Viven sus padres lejos o cerca de usted? ¿Es importante el regreso a casa de vez en cuando? ¿Por qué?

4. ¿De qué habla usted con su padre? ¿Y con su madre? Describa los papeles de sus padres. ¿Viene usted de una familia tradicional o es una familia más bien moderna? ¿Es comparable a la familia de Marisol? Explique.

5. Si usted está casado/a y tiene hijos, ¿les enseña los papeles tradicionales o prefiere modificar estos papeles un poco? Si no está casado/a, defina la familia ideal que usted quisiera tener (o explique por qué no quiere tener familia). ¿Hay aspectos positivos y negativos en la estructura tradicional de la familia? Explique.

D. LA FUERZA INTERIOR: EN BUSCA DE SOLUCIONES

Marisol no puede escapar de Alfonso, ni siquiera regresando al hogar de sus padres. Alfonso se le aparece en la plaza de Móstoles, hace temblar la tierra y le habla misteriosamente. Marisol está desesperada. Dice que necesita un poco de paz y por eso entra a la iglesia de Móstoles para rezar.

1. Cuando Marisol está rezando en la iglesia, ¿cree usted que ella considera a Dios como una fuerza exterior o interior? ¿De dónde vienen las fuerzas que motivan las acciones de la gente? ¿Existen las dos fuerzas, el Bien y el Mal, como sugiere Marisol?

2. Alfonso no cree en los conceptos del Bien y del Mal. Para él sólo existe el poder de su mente. ¿Pueden los pensamientos de una persona afectar sus acciones? ¿Cómo?

3. ¿Cree usted que, en general, la gente busca ayuda espiritual o fuerza interior solamente en los momentos de crisis? ¿Por qué no se ocupa de eso la mayor parte del tiempo?

4. ¿Es posible encontrar fuerza interior y espiritualidad sin ir a la iglesia? ¿Por qué es necesario buscar la paz mental cuando uno se enfrenta con una situación difícil?

5. Cuando usted está desesperado/a, ¿qué hace para buscar tranquilidad y solucionar sus problemas? ¿Son sus métodos muy eficaces?

IV. EL CONDENADO

A. EL CASO DE MARISOL: ¿ES ELLA CULPABLE?

Cuando el mensaje de Alfonso aparece por primera vez en el ordenador (la computadora) de Marisol, ella no le informa a su jefe. Más tarde el jefe no puede conseguir acceso a la unidad principal y cree que hay un virus en el sistema. Le echa la culpa a Marisol; empieza a pensar en las implicaciones legales de lo que ella ha hecho. Marisol se defiende, alegando que es inocente.

1. ¿Qué piensa usted? ¿Tenía Marisol la responsabilidad de informar al jefe después del primer incidente cuando Alfonso se infiltró en el sistema? ¿Qué debe hacer el jefe?
2. Con dos compañeros, presenten sus argumentos sobre el caso de Marisol. Un compañero/Una compañera hace el papel del jefe y tiene que explicar por qué sospecha que Marisol es culpable. Otro compañero/otra compañera hace el papel de Marisol y tiene que defenderse explicando por qué no le habló del problema al jefe antes. Después de escuchar los dos lados del asunto, el tercer/la tercera estudiante contempla el caso y da el fallo (*judgment*). Explica también lo que deben hacer Marisol y el jefe ahora.

B. LAS CLASIFICACIONES: ¿CIENCIA FICCIÓN?

Marisol trata de explicarle la verdad al jefe. Le dice que Alfonso la persigue y que se le ha aparecido como holograma. Ella afirma que Alfonso es el responsable del virus en la unidad principal. El jefe no lo cree; dice, además, que la historia de Marisol es un «rollo de ciencia ficción».

1. ¿Está usted de acuerdo con lo que dice el jefe? ¿Cree usted que lo que le pasa a Marisol parece más bien una historia de ciencia ficción? ¿Cuáles son las características de una obra de ciencia ficción? ¿Le gusta a usted este tipo de literatura?
2. Imagínese que usted trabaja en el departamento de publicidad de una editorial (*publishing house*). Tiene que promover la obra de Marisol, pero primero tiene que clasificarla. Escoja una clasificación o varias entre las categorías que siguen (o

sugiera usted una). Luego explique por qué le parece interesante la narración de Marisol. ¿Qué va a decir en su campaña publicitaria?

Clasificaciones: a) diario o autobiografía; b) ciencia ficción; c) misterio; d) horror; f) aventura; g) romance; h) de detectives; i) ¿?

3. ¿Qué tipo de historia(s) prefiere usted? ¿Cuál es su película o libro favorito en esa categoría?

C. LA LECTURA DEL PENSAMIENTO

Marisol tiene que enfrentarse con Alfonso otra vez en el cuarto de las simulaciones. Después de idear un plan con Javier y Rocío, siente miedo porque sabe que Alfonso puede leer los pensamientos.

1. ¿Cree usted que es posible leer los pensamientos de una persona? ¿Sabe usted a veces lo que está pensando una persona por la expresión de su cara? Explique.

2. ¿Cómo puede leer Alfonso los pensamientos? ¿De dónde proviene su fuerza? ¿Es una fuerza del Bien, del Mal o de otro tipo?

3. ¿Qué significa el hecho de leer el pensamiento? ¿Implica que una persona tiene control sobre otra? ¿Hay fuerzas sobrenaturales que operan en la lectura de la mente?

4. ¿Tendría usted miedo si una persona pudiera leerle la mente? ¿A quién le temería en particular? ¿Por qué?

5. ¿Le gustaría leer los pensamientos de alguien? ¿los de quién? Si pudiera leer los pensamientos de cualquier figura histórica, ¿quién sería? ¿Qué esperaría encontrar en su mente?

D. EL CUARTO DE LAS SIMULACIONES: LA CLAVE DEL MISTERIO

Al llegar Marisol al cuarto de las simulaciones, Alfonso le empieza a contar la increíble historia de su vida. Le explica que es un hombre condenado a vivir eternamente, destruyendo a otros seres humanos y sufriendo. Fue soldado en el ejército de Mío Cid y mató a mucha gente, entre ellos a los padres de una niña árabe. Dice que los ojos de la niña producían una energía especial y que lo dejaron con una sensación ardiente. Según Alfonso, fue esa niña quien lo condenó.

1. ¿Cree usted que la condena de Alfonso se debe a una maldición de la niña? ¿Le hizo ella «mal de ojo»? ¿Piensa usted, como Marisol, que esta explicación es racista? ¿Por qué?
2. ¿Es posible que Alfonso se haya condenado él solo, al enfrentarse con la verdad de todos los crímenes que cometió en la guerra? ¿Tiene Alfonso miedo de sí mismo al darse cuenta de que ha matado a mucha gente como soldado en el ejército de El Cid?

V. LA SOCIEDAD DE LAS SOÑADAS

A. EL VIAJE EN EL TIEMPO

Los poderes de Alfonso hacen posible el viaje en el tiempo. Él transporta a Marisol a diferentes épocas de la historia española; ella presencia lugares y eventos conocidos, y puede ver a personas famosas. Este tiempo «subjetivo» en el cuarto de Alfonso, se presenta en contraste con el tiempo lineal y «objetivo», marcado por días, meses y estaciones.

1. ¿Cree usted que existan realmente dos planos temporales, el lineal y el subjetivo? ¿En qué plano temporal ocurren los sueños?
2. ¿Cómo se siente Marisol después de su viaje? ¿Tiene deseos de quedarse en ese plano temporal? ¿Por qué (no)?
3. Si usted tuviera una máquina del tiempo, ¿adónde iría? ¿A qué época histórica le gustaría regresar? ¿Hay alguien en particular a quien le gustaría conocer? ¿Quién es?

B. LA VICTORIA DE MARISOL

Marisol confía en su propia fuerza para resolver su situación y combatir a su capturador. Adopta la identidad de Marina y logra manipular los sentimientos de Alfonso. Al final, él se desintegra y se convierte en polvo.

1. ¿Hay ciertos pasos que siguió Marisol en la búsqueda de la solución a su problema? ¿Cuáles fueron? ¿Cuál fue el último paso?
2. ¿Hay un mensaje en el personaje de Marisol? ¿Cuál es? ¿Y en el personaje de Alfonso?
3. ¿Se podría decir que las fuerzas del Bien triunfaron sobre las fuerzas del Mal? ¿Le parece demasiado simple esta interpretación? Explique.

RECAPITULACIÓN: ACTIVIDADES PARA LA ESCRITURA

A. LOS EPÍGRAFES

Lea los epígrafes otra vez y revise sus apuntes de la primera actividad.

1. ¿Pudo usted predecir pasajes de la acción o temas de la novela?
2. Comente la relación entre la historia de Alfonso y lo que se dice en los epígrafes:
   * La vida es un sueño febril.
   * Su cuerpo será polvo enamorado.

B. EL AMOR

Marisol habla con PS sobre Javier después de aceptar la propuesta de matrimonio de su novio. Define sus sentimientos al decir «Somos amigos del alma». PS resume las ideas de Marisol, enumerando las cualidades implícitas en su concepto del amor: confianza, compañía, admiración, amistad.

1. ¿Cuál es su definición del amor? ¿Cuáles son las cualidades implícitas en el amor más importantes para usted?
2. En el último fax de Javier que aparece en la novela, el periodista describe la propuesta de matrimonio que le hizo a Marisol. Imagínese que Javier le manda a Marisol un artículo romántico y poético el día de la boda. Tome usted la pluma de Javier y... ¡escriba el artículo!
3. ¿Podemos afirmar que el amor es el verdadero héroe o protagonista de esta obra? Explique.

C. LOS LADRONES: ¿QUÉ HAY EN UN TÍTULO?

La importancia de la tecnología al comienzo de la novela hace pensar que quizás el «ladrón» del título se refiera a PS 2000, el poderoso programa de psicología. Marisol se pregunta, al final de la primera parte, si el mundo estará algún día controlado por las máquinas, «hecho de imágenes». También, Alfonso se considera ladrón de la energía mental de las mujeres. Al final PS consigue que Marisol cuente la historia de Alfonso.

1. ¿Cree usted que hay dos o más ladrones de la mente en esta novela? ¿Cuáles son? ¿Por qué podríamos considerarlos «ladrones»?
2. ¿Es posible que Alfonso haya archivado (*filed*) su mente en el cerebro de PS, convirtiéndose en un documento más o en una subrutina? ¿Se puede decir, entonces, que Alfonso no murió?
3. ¿Piensa usted que el proceso de leer una historia pueda perpetuar el poder o la presencia de un personaje?
4. ¿Existe algún ladrón de la mente de usted? ¿Hay problemas, a veces, que le roban mucha energía mental? ¿Qué cosas en la sociedad le pueden robar la mente a uno?

D. EL FINAL ABIERTO

El diálogo entre Marisol y el ordenador (la computadora) al final de la novela nos lleva otra vez al comienzo de la historia. En el momento de terminar la narración, Marisol ha empezado a contar la historia de Alfonso. Así, el final queda abierto: no sabemos si Alfonso murió realmente o si está contenido en el cerebro artificial de PS. Quizás, como dice Marisol, Alfonso siga viviendo «a través de mis palabras... en la imaginación de los lectores».

1. ¿Qué piensa usted? ¿Qué va a pasar después de contarle Marisol a PS la historia de Alfonso?
2. Dialogue usted ahora con PS haciendo un recuento de la novela. Adopte la voz de Marisol y escriba su diálogo. (Trate de incluir información sobre todos los personajes.) Use la siguiente frase para comenzar: «Había una vez un soldado español y una joven madrileña... »

Sugerencias para el profesor/la profesora

Note: The following suggestions are coordinated activity by activity with those in the preceding section, **Actividades para los estudiantes.**

It is not necessary to have students complete all of the suggested activities. Most activities are best done after students have read each part in its entirety, but you may find suggestions that you can implement to guide class discussion as students are working their way through the novella.

I. BANCO DE DATOS

A. LOS EPÍGRAFES: LA REALIDAD Y LOS SUEÑOS

Before students begin reading the story, have them focus on the two epigraphs on page XIV. Write these verses on the board or overhead projector and explore the possible meanings expressed in the poems. Ask the first two questions from activity A: **¿Qué significan para usted estos versos? ¿Qué tipo de historia evocan?** Have students speculate about why they think the author chose these two quotes as an introduction to the text.

Give some background on the poets: Francisco de Quevedo (1580–1645) is one of the famous Baroque poets of Spain's Golden Age. His style is known as **conceptista,** because he emphasizes concepts expressed in his poetry with plays on words. Gustavo Adolfo Bécquer (1836–1870) is one of the best-known Spanish poets from the Romantic period. His lyric poetry has been collected under the rubric *Rimas.* These are generally short, romantic verses.

As an additional project, assign volunteers to research these poets in the library and report back to the class.

B. LOS TEMAS DE MARISOL

Encourage students to start keeping a journal as they read *Ladrón de la mente*. For an in-class writing activity that may constitute the first page of their diary, have students comment on one or two of the themes mentioned. (They may also choose their own themes.) Give students approximately ten minutes to write and then have them discuss their responses in small groups. Take a survey to see how many students chose each theme. Have volunteers from several groups share with the class some of their sentiments regarding the themes.

C. EL DIARIO

Remind students that *Ladrón de la mente* is not Marisol's diary per se; she has adapted her journal into novel form as she states in the **Aclaración previa.** Ask students how they can tell that *Ladrón de la mente* is not a traditional diary. (They should mention the lack of dates at the beginning of each entry, the division into chapters, extensive dialogues, and so on.)

Discuss famous diaries or adaptations of memoirs. *The Diary of Anne Frank* and Henry David Thoreau's *Journals* may be suggested as examples. It would be interesting here to briefly introduce students to *Lazarillo de Tormes* (1554). This text is an early example of ficticious memoirs that relate the adventures of the **pícaro** (rogue) Lazarillo, and his wanderings through Spain in the 16th Century. *La familia de Pascual Duarte* (1942) by Camilo José Cela (Nobel Prize winner, 1989) is another novel that could be mentioned. The book comprises the memoirs of a ficticious character, Pascual Duarte, who narrates the events of his unfortunate childhood and the series of circumstances that ultimately lead him to kill his mother. Another, less violent example of Spanish memoirs is *La arboleda perdida* (1959) by poet and artist Rafael Alberti. His memoirs are a nostalgic recounting of his childhood in southern Spain and of his professional development.

D. LOS PASATIEMPOS Y EL ARTE

Give students a short historical background to *Guernica*. Picasso painted *Guernica* in 1937 as a homage to the victims of a northern Spanish village ruthlessly bombed by German fascist forces, which supported Francisco Franco's regime, during the Spanish Civil War (1936–1939). The bombing was not just a military strategy; it served as a training ground for Hitler's air force in preparation for the invasion of Poland that would eventually lead to World War II. The painting was first displayed at the World's Fair in Paris that same year but was not transferred to Spain until 1981. Picasso would not allow the work on Spanish soil until the government became democratic. (Franco remained dictator from 1936–1975.)

Picasso is also known as the creator of Cubism. This style, popular during the avant-garde movement of the first half of the 20th century, fragments reality as the artist attempts to display simultaneously a variety of perspectives of the same object. The paintings often seem very geometric.

As an additional activity, students may want to bring in a reproduction or postcard of their favorite painting and talk about the emotions that it evokes and why it captures their attention.

E. LAS CONVERSACIONES ENTRE LOS NOVIOS

Have students complete the questions in this activity, then focus on the second article by Javier on pages 16–17. In this love note, Javier mentions his forthcoming proposal to Marisol. Students may explore as a class or in groups the following questions: 1) **¿Creen ustedes que es muy original la manera en que Javier le propone matrimonio a Marisol?** 2) **¿Cuáles son las maneras más tradicionales de proponer matrimonio?** 3) **¿Conocen a alguna pareja que tenga una historia original sobre el día en que surgió la gran pregunta? ¿Qué pasó?**

You may want to give a few examples of extraordinary ways of popping the question: skywriting, renting a horse and riding up to the door to propose marriage, serenading under the window, and so on.

F. FORMAS DE ESCRITURA: EL PERIODISMO Y EL DIARIO

Have students compare Marisol's diary writing with Javier's newspaper articles and humorous "love" stories. Divide the board into three sections: **Diario, Periódico** and **Artículos de amor.** Ask students to describe the similarities and differences among these types of writing. Your outline may contain some of the following elements:

Diario	Periódico	Artículos de amor
describe los pensamientos y sentimientos más íntimos	narra, reporta acontecimientos	narran la historia de un amor
es íntimo, personal	es público	son secretos, compartidos entre dos personas solamente

G. DOS GENERACIONES DE MUJERES: LOS TIEMPOS CAMBIAN

Before students do this activity, discuss briefly the role of women in 20th-century Spain. The ultra-conservative Franco regime dictated a traditional ideology concerning women. They were expected to marry, serve their husbands, raise children and take care of the home. This was reinforced in the educational system as the doctrine of **La perfecta casada** became an integral part of the curriculum. The text *La perfecta casada* was written by the Augustinian Fray Luis de León (1527–1591), theologian and writer of Spain's Golden Age. According to Fray Luis, women perform God's work and it is by nature that their duties include: «**el servir al marido, y el gobernar la familia, y la crianza de los hijos...** » Also under Franco, young women were expected to fulfill the **Servicio Social** requirement. This was a social service project designed to instill traditional values in women by requiring them to serve a certain number of volunteer hours in the community. The projects included work in hospitals, convalescent homes, nursery schools, soup kitchens for the poor, and charity organizations.

In 1975, upon the death of Franco, Spain experienced a major transition that some have called the **destape.** This "unplugging" effect resulted in the disappearance of many of the rules and restrictions on women's behavior, opening doors for greater opportunities.

Remind students that Marisol was only nine or ten years old when Franco died. Her teenage years would correspond to the **destape**; at a young age, she would have been exposed to a more liberal social environment. However, her mother's formative years would correspond with the more conservative ideology of the Franco era. Discuss the importance of political ideology and its role in either closing or opening opportunities for women in the social sphere.

Have students brainstorm adjectives that describe traditional and modern women in general. They should then discuss the activity questions in pairs. Provide examples for item 3: Traditional women (the mothers) are seen in "Little House on the Prairie," "Little Women," and "The Waltons." Modern women are seen in the *Alien* films (Sigourney Weaver), "Roseanne" (Roseanne Arnold), and *Jewel of the Nile* (Kathleen Turner).

For item 5, discuss how technology may be beneficial to women in the home (modern appliances, such as the pressure cooker [**olla de presión**], were especially welcomed by Spanish women in the 1950s) as well as on the job market (technology means more jobs and thus more opportunities).

H. LA ERA DE LA MECANIZACIÓN: ¿Y LA HUMANIDAD?

Discuss the advantages and disadvantages of the computer age. Conduct a debate on whether machines are beneficial or detrimental to human relations.

As an added creative activity, have students work in groups to design their own type of futuristic computer program like PS 2000. They should give their program a name and show sample communications as Marisol does with the Psychology Software on page 25, when she tests the mechanical psychologist. Give examples such as a program to do your taxes (**Planificador de impuestos**), to plan a trip (**Agente de viajes**), or to decorate your house (**Decorador**). These may then be presented to the class.

II. EL CUARTO DE LAS SIMULACIONES

A. LOS PLANES PARA EL SÁBADO

After students answer the questions, either in pairs or groups, discuss the technique of *foreshadowing*. Say: **La intuición de Rocío sirve como un «presagio» a lo que va a pasar en la novela después.**

Discuss foreshadowing (**presagiar**) as a literary technique that creates tension in the reading and lures the reader into following the story to the end. It also provides clues for what is to take place later. Have students speculate about what might happen at the party on Saturday.

B. LA ESTABILIDAD Y LA AVENTURA: ¡EL PSICÓLOGO SABE!

Before students do this activity, explore the personalities of Javier and Alfonso. Give students a list of adjectives such as: **misterioso, estable, aventurero, enigmático, creativo, honesto,** and so forth. Ask which adjectives best describe Javier and which are more representative of Alfonso's personality. Write each adjective under the corresponding name on the board and have students think of other characteristics that they would like to add.

Ask students to speculate about why Marisol has a certain fascination for Alfonso and chooses to ignore Javier at this time.

C. LOS OJOS DE ALFONSO: EL PODER DE SU MIRADA

Discuss with students the importance of the eyes in communicating certain aspects of an individual's personality. Mention the superstition of the **mal de ojo** or "evil eye." Originating thousands of years ago, this is a belief that some people can cause harm to others just by looking at them in a certain way. It was thought that any person who was hiding unspeakable desires or certain feelings such as envy and jealousy could give the evil eye. In general, witches and devils were thought to be the main perpetrators.

The symptoms in a victim of the evil eye may include loss of weight, anorexia, and melancholy, and could eventually lead to death. A host of remedies including the recitation of magic words, secret potions, and lucky charms were available to the sufferers of the **mal de ojo.**

The importance of the eyes and "looks" can also be noted in the following sayings from both Spanish and English:

Vale un ojo de la cara. (This expresses that something is very valuable or expensive. In contrast, English speakers say something "costs an arm and a leg".)

Ojo por ojo y diente por diente ("An eye for an eye").

"The eyes are the window to the soul." (Explore with the students what Alfonso's "window" shows about his soul.)

"If looks could kill." (Explore how Alfonso's looks may have a destructive effect on Marisol.)

Discuss the following questions: **¿Creen ustedes que Alfonso le ha hecho «mal de ojo» a Marisol? ¿Qué efecto tiene la mirada de Alfonso en esta joven?** As an additional activity, have students work in pairs imitating with facial gestures what they think Alfonso's "penetrating" looks were like. They may want to do the same for the other types of looks which they mention for item 3. Some examples may be looks of surprise, relief, astonishment, approval or disapproval, and so forth.

D. EL CUARTO DE LAS SIMULACIONES: FANTASÍA Y PRESAGIO

This is a pivotal part of the novel is as it lays the foundation for what is to come later. Have students focus on the description of Alfonso's room on pages 46–48. Draw three sections on the board to simulate the walls of a room and write **El cuarto de las simulaciones** at the top. Ask students to describe the room you draw (if a student feels comfortable, have him/her draw): pillows and tapestries; a vast number of works of art on the walls. Draw many squares of the same size around two of the sections you have marked off for the walls, but make one of them bigger. Label it **La persistencia de la memoria** and ask students to describe it as it appears on page 62. Draw this painting as best you can, the main feature being the melting clocks.

Remind students that many of Dalí's paintings are inspired by surrealism, a 20th-century art and literary style in which the subconscious and dreams play a major role in the creative process. Ask students to identify elements in the painting that they see as dreamlike or irrational and those that appear to be real. Have them speculate how this painting with its elements of fantasy and reality may foreshadow what happens in the room. Does time stand still in there?

Focus attention on the description of the painting behind the curtain. This will take up the entire third section (wall) you marked off. Students should describe a number of young girls posing. Quickly draw stick figures in different poses. Students will then mention the landscape: a green countryside full of light. Draw a few hills and the sun in the background. Ask students to describe the transformation the painting undergoes. Draw clouds over the figures of the women and then a head and eyes that would represent Alfonso. Have students comment on how they think such a transformation came about. Suggest the techniques used in holograms and virtual reality as possible explanations.

This visual on the board serves as a "set" for the students to engage in an activity that deals with two important themes of the novel: fantasy vs. reality and the power inherent in the eyes.

E. ALFONSO EL MACHO

Before students begin this activity discuss as a class the definition of the word **macho** or **machismo**. In general, in English it is defined as male chauvinism. To explain it in Spanish use phrases such as: **exaltamiento de la masculinidad, poder sexual, fuerza bruta, control sobre otros.**

Historically, the **machista** attitude has been traced to the influence of the Arabs on Spanish social life. The Arabs occupied Spain for nearly 800 years (711–1492). Their culture dictated seclusion for women and allowed polygamy for men. Women were expected to stay out of the public domain, demonstrated by the custom of the **purdah,** which literally means "curtain" or "feminine reclusion." Thus, women were required to wear veils in public and be seen and heard from minimally, even at home.

Have students discuss the first two questions in groups. For item 3, put an example on the board using the information given above. Divide the board into two parts and label each. Have students think of characteristics or actions of a macho and contrast them with those of a non-macho. Some suggestions:

El macho	El hombre no machista
No respeta (ni estima) a su novia/esposa.	Respeta a su novia/esposa; la trata de igual a igual.
Tiene relaciones amorosas con varias mujeres.	Es fiel a su novia/esposa.
Considera a las mujeres como objetos sexuales.	No trata a las mujeres como objetos sexuales.

As an additional activity for item 4, assign students to research the character of Don Juan as the **mujeriego** (womanizer) par excellence. Remember that this character is a recurring personality in Spanish and world literature and music, including Tirso de Molina's 17th-Century *El burlador de Sevilla.* Also well known are Mozart's *Don Giovanni* and José Zorrilla's 19th-Century romantic rendition, *Don Juan Tenorio.* As a contrast, have students research Don Quijote as a figure who exemplifies gentlemanly, non-macho conduct.

F. LA CONFUSIÓN DE MARISOL: ¡LA CONSULTA ES OBLIGATORIA!

After students prepare the role-play specified in item 1, have volunteers present the dialogue to the class. Ask how many chose each option as the best advice to give Marisol. Try to reach a general consensus on what Marisol should do. Save this information and compare it with the outcome when you finish the novel. If no consensus is reached, follow up with a debate. Ask students to list the advantages and disadvantages for each of the options they are debating.

Before students discuss item 2 in pairs, ask them to name certain problems that they consider crises or difficult situations that cause them to be confused. Some examples could be: breaking up with a boyfriend or girlfriend, husband or wife; receiving a low grade on an exam; being involved in a car accident or in a crime, and so on.

III. LA BIENVENIDA

A. FORMAS DE ESCRITURA: EL ORDENADOR Y LA ESCRITURA A MANO

As an introduction to this activity, compare and contrast the two forms of writing: with a computer or longhand. You may want to list them on the board using Marisol's ideas first. An example of the structure of this activity could be:

Ordenador (Computadora)	Escritura a mano
Se puede anotar con más rapidez los acontecimientos.	Es más lenta, pero da tiempo para reflexionar.
La escritura es muy clara.	A veces la letra es difícil de entender.
Cuesta mucho.	Sólo se necesita lápiz y papel.
Usa electricidad.	Usa sólo la energía del cuerpo.
Puede ser afectado por un virus.	No hay virus que la afecte, pero a veces se destruyen los papeles.
Es menos privado, muchas personas tienen acceso a la información.	Es más privada.

If students do not come up with this last point, be sure to stress it because it introduces Alfonso's intrusion into Marisol's computer system. This point may also open the discussion to the topic of privacy in high-tech corporations and computer piracy.

Ask students which form of writing they prefer for the following activities: writing a business letter, writing a personal letter, doing homework, keeping a diary, writing compositions, maintaining the household accounts, and so on.

B. ALFONSO EL MISTERIOSO: ¡USTED DESCIFRA SU MISTERIO!

This activity involves both critical and creative thinking. Students are asked to project the outcome of the story based on what they already know. After their predictions are prepared, have students share them with a partner. Then ask for volunteers to present their ideas and reactions to the class. The class could vote on which prediction they feel is the most promising as a logical explanation for the mystery of Alfonso.

C. EL REGRESO AL HOGAR

Before students do this activity, discuss reasons why people return to their family home. Some reasons may include: to visit parents, family members and friends; to help around the house; to care for a sick family member; to rest and relax; to get a feeling of returning to "roots;" to escape a problem or seek advice from family members on how to resolve it. Ask students if they know of any famous characters in books or movies who experience a significant "return home." Explore what the return means to these characters. Some examples would be: Dorothy in *The Wizard of Oz*, who goes back home for security and love; Scarlett O'Hara in *Gone with the Wind*, who returns home to try to recuperate a lost past and forget the war; E.T., who goes home to be with his own kind.

Discuss the importance of the roles of different family members within the family structure. You may start by discussing Dorothy's family in Kansas and why her return was so important. What role did her Auntie Em play within the farm family? And her uncle? What happened to her parents? This discussion may be extended to family roles in general.

D. LA FUERZA INTERIOR: EN BUSCA DE SOLUCIONES

Discuss ways in which people search for peace of mind. Some examples that students may offer are: meditating, getting back to nature, praying, going to church, visiting a psychologist, listening to music, singing, reading; art, solitude, exercises, and so on. Ask why it is often helpful to have peace of mind when dealing with difficult situations.

Ask students to speculate about why Marisol chooses to pray in the church as her method for finding peace of mind. (Note that she works many hours and has thus far not mentioned a spiritual life.) One obvious answer is that she may have been influenced by a Catholic upbringing.

Give students brief historical information about the importance of the Catholic religion in Spain. It has been the country's official religion since Spain was reunified after the Arab occupation. Fernando and Isabel, known as the **Reyes Católicos**, ruled from 1479–1517. They went to extreme measures to ensure that the Islamic religion of the Arabs, as well as all other religions opposed to Catholicism, were not practiced in reunified Spain. For the **Reyes Católicos,** religion was one of the factors that would be responsible for creating a sense of unity and national spirit in a country fragmented by war. The Inquisition was active under their auspices starting at the end of the 15th Century. Among other methods of torturing and executing heretics was public burning at the stake.

IV. EL CONDENADO

A. EL CASO DE MARISOL: ¿ES ELLA CULPABLE?

Divide the class into groups. Have them discuss the relationship between boss and employee in the workplace in general. They should consider the following questions: 1) **¿Cuáles son las responsabilidades del jefe hacia los empleados?** 2) **¿Y las responsabilidades de los empleados hacia el jefe?** 3) **¿Es importante que se mantenga una buena comunicación entre el jefe y los empleados? ¿Por qué?**

Discuss their ideas afterward as a class. Summarize on the board as they share them. A few examples may be:

Responsabilidades del jefe	**Responsabilidades del empleado**
Tratar al empleado con respeto.	Ser honesto.
Pagarle al empleado a tiempo.	Hacer bien su trabajo.
Ser justo/a.	No guardar secretos sobre cuestiones que pueden ir en contra del trabajo.

Importancia de la comunicación

Aumenta la eficiencia en el trabajo.

Ayuda a evitar problemas.

This information could serve as background for the questions to be explored in item 1. For item 2, have volunteers present their role-play to the class.

B. LAS CLASIFICACIONES: ¿CIENCIA FICCIÓN?

Ask students to name the different classifications of books and movies that are most popular. List their ideas on the board. Some examples: science fiction, mystery, horror, romance, self-help, adventure, and so on. For item 2, you may want to have students write a short paragraph explaining their classification of Marisol's story. Note that the science fiction genre usually deals with the impact of actual or fictional science on mankind; scientific elements are essential to the genre. Marisol's story features a strong science component which would allow for its classication as a sci-fi novel.

Students' short compositions could be compiled into one notebook and displayed in the class as a sort of advertising portfolio promoting the story. They could also be duplicated for each student to have a copy.

C. LA LECTURA DEL PENSAMIENTO

Mention that mind reading has been a topic of interest throughout time and has baffled scientific thought. In *Ladrón de la mente* it contrasts sharply with the scientific world that it infiltrates and disrupts. The **Centro de Informática** is a world of logic and Alfonso's mind-reading capabilities defy any logic.

D. EL CUARTO DE LAS SIMULACIONES: LA CLAVE DEL MISTERIO

Have students explore the topic of "placing the blame" when difficulties arise. Do people generally blame others when they have a problem or do they take responsibility for their own situations?

The questions in this activity ask students to decide whether they believe Alfonso is condemned because of the Arab girl or because of a confrontation with himself. The activity could work well as a class debate. Have students who believe the Arab girl is the force behind his condemnation to sit on one side of the room and those who feel he has condemned himself on the other. Encourage them to give their opinions based on information in the reading.

V. LA SOCIEDAD DE LAS SOÑADAS

A. EL VIAJE EN EL TIEMPO

Have students discuss the topic of time travel and its appearance in popular culture. Have them explore why this is a topic of such high interest and popularity. Some examples to get the discussion going are movies: *Somewhere in Time; Back to the Future;* television: "Time Trax," "Quantum Leap;" also, many episodes of "Star Trek: The Next Generation" involve time travel.

B. LA VICTORIA DE MARISOL

Discuss the characters of Marisol and Alfonso. Ask students to offer adjectives for each and make the comparison on the board.

Marisol	Alfonso
independiente	condenado
mortal	eterno
valiente	temeroso

Have students explore what these two characters represent

for the story as a whole. One possible interpretation: Alfonso is the representation of a conflict in Marisol's psyche. This is a conflict between her wish for a career and independence, and her equally strong desire to marry Javier and surrender to love. The latter has the potential for annihilating the self, "stealing" her mind and turning her into an automaton.

RECAPITULACIÓN: ACTIVIDADES PARA LA ESCRITURA

The activities in this section are also intended for class discussion, and may be presented using any of the techniques in previous activities. At this point, however, we suggest that students be encouraged to focus more on writing. You may want to have students prepare research projects, compositions, and/or oral presentations on the writers, artists, and artistic movements mentioned in the story.

You may also want to consider the following topics for compositions:

1. Have students write a short, personal essay on a topic related to the epigraphs such as **La vida es un sueño, El amor es eterno**, or **El amor sobrevive más allá de la muerte.**
2. Help students get started on the assignment **Un artículo romántico y poético de Javier.** Ask for volunteers to reread all of Javier's articles and summarize them for the class. Brainstorm with the class and write on the board some of the romantic ideas Javier expresses to Marisol. You may want to compose a sample letter with students' help. Another related topic: **Marisol y Javier describen su luna de miel.**
3. Use item 3 in activity C as a springboard for writing. Students could write a short report focusing on the power of a character in a book or a film: **Un personaje que me impresionó mucho** or **Un personaje que tiene poder sobre mí.**
4. Discuss the narrative structure of the novel, pointing out that the end is, in a way, the beginning. However, Marisol is retelling her story from a new point of view. The last phrase, **Había una vez un soldado español,** does not refer to the narrator's diary, but focuses directly on Alfonso and Marisol's involvement with him. After this discussion, assign item 2 in

activity D as a written assignment: **Había una vez un solda-do español y una joven madrileña**. Explain to students that you want them to tell the story in their own words, ideally adding a new twist.

Vocabulario

*T*he Spanish-English vocabulary contains all the words that appear in the text, with the following exceptions: 1) most close or identical cognates; 2) most conjugated verb forms; 3) diminutives in **-ito/a**; 4) absolute superlatives in **-ísimo/a**; 5) most adverbs in **-mente**; 6) personal pronouns; 7) cardinal numbers. Only the meanings that are used in the text are given.

The gender of nouns is indicated, except for masculine nouns ending in **-o** and feminine nouns ending in **-a**. Stem changes and spelling changes are indicated for verbs: **dormir (ue, u); llegar (gu).** Consult a grammar textbook for the proper conjugation of verbs.

Words beginning with **ch, ll,** and **ñ** are found under separate headings, following the letters **c, l,** and **n,** respectively. Similarly, **ch, ll,** and **ñ** within words follow **c, l,** and **n,** respectively. For example, **coche** follows **cóctel, allá** follows **alución,** and **año** follows **anunciar.**

The following abbreviations are used:

adj.	adjective	*inv.*	invariable in form
adv.	adverb	*irreg.*	irregular
coll.	colloquial	*m.*	masculine
conj.	conjunction	*n.*	noun
f.	feminine	*p.p.*	past participle
fam.	familiar	*pl.*	plural
form.	formal	*poss.*	possessive
inf.	infinitive	*prep.*	preposition
interj.	interjection	*pron.*	pronoun

rel. pron. relative pronoun
sing. singular

abandonar to abandon
abarcar (**qu**) to include, comprise
aberración *f.* aberration
abrir (*p.p. abierto/a)* to open; **abierto/a** open(ed)
abrazar (**c**) to hug, embrace
abrazo hug
abril *m.* April
abrir (*p.p.* **abierto/a**) to open
absorto/a entranced, absorbed
abstracto/a abstract
absurdo/a absurd
abundancia abundance, great quantity
abundante abundant, copious
aburrir to bore; to tire, weary
acabar to finish; **acabar de +** *inf.* to have just (*done something*)
académico/a academic
acalorado/a heated
acariciar to caress, fondle
acceso access
acción *f.* action
aceptar to accept
acercamiento the action of getting closer
acercarse (**qu**) (**a**) to approach, draw near (to)
aclaración *f.* clarification, explanation
aclarar to clarify
acomodar to accommodate; to make comfortable
acompañar to accompany, go with
aconsejar to advise

Sp. Spain
v. verb

acontecimiento event
acostado/a lying down
acostumbrar to accustom; to get used to; **acostumbrarse a** + *inf.* to get used to (*doing something*)
acre *m.* acre
actitud *f.* attitude
activar to activate
acto act, action
acuerdo: de acuerdo agreed; O.K. (*Sp.*); (**no**) **estar** (*irreg.*) **de acuerdo** (not) to agree
acusar to accuse
adecuado/a correct, right
adelante: de ahora en adelante from now on
además (**de**) besides, in addition (to)
adentro *adv.* within, inside; *m. pl.* innermost self
adiós good-bye
adivino/a fortuneteller
admiración *f.* admiration
admirador(**a**) admirer
admirar to admire
admitir to admit; to accept
adolescencia adolescence
adolescente *m., f.* adolescent
adolorido/a suffering; in pain
¿adónde? where (to)?
adorar to adore, love
adormecido/a drowsy, sleepy
adquirir (**ie**) to acquire
adquisición *f.* acquisition; purchase
advertir (**ie, i**) to warn
afectar to affect; to damage

afectuoso/a affectionate
afición *f.* fondness, enthusiasm
afirmar to affirm, assert
afortunado/a fortunate, lucky
africano/a African
afuera outdoors; outside
agitado/a agitated
agonía agony
agotado/a exhausted, drained
agradable agreeable, pleasant
agradar to please
agradecido/a grateful, thankful
agregar (gu) to add
agricultura agriculture
agua *f.* (*but* **el agua**) water
ahí there
ahogar (gu) to drown; to stifle
ahora now; **ahora mismo** right
    now; **de ahora en adelante**
    from now on
ahorros *m. pl.* savings
aire *m.* air
ajustado/a tight, tight-fitting
alegrar to make happy; to
    enliven
alegre happy
alegría happiness
alejado/a distant; alienated
alerta alert
alfombra carpet
algo something; a little
alguien someone
algún, alguno/a some, any
aliento breath
alimentar to feed; to nourish
aliviar to relieve
alivio relief
alma *f.* (*but* **el alma**) soul, spirit
almohada pillow
almohadón *m.* cushion, pillow
alrededor (de) around

altar *m.* altar
alterar to alter, change;
    alterarse to become irritated,
    annoyed
altercado altercation,
    disagreement
alternativa alternative
alto/a tall
alucinante beguiling; dazzling
alusión *f.* allusion, reference
allá there, over there
allí there, over there
amabilidad *f.* kindness
amable kind, friendly
amado/a *n.* beloved
amanecer (zc) to dawn
amante *m., f.* lover
amar to love
amasar to amass
ambiente *m.* atmosphere,
    ambience
ambos/as both
amigo/a friend
amistad *f.* friendship
amistoso/a friendly
amor *m.* love
amplificado/a amplified
amplio/a ample, extensive,
    large
amueblado/a furnished
análisis *m.* analysis
analista *m., f.* (computer)
    analyst
analizar (c) to analyze
ancla anchor
andar *irreg.* to walk; to go,
    move; **andar con rodeos** to
    beat around the bush
anfitrión, anfitriona host,
    hostess
ángel *m.* angel

angustiado/a anguished, anxious

anillo ring

animado/a lively, animated

animar to animate, enliven; **animarse** to get excited

ánimo spirit, mood

aniquilar to annihilate, wipe out

anoche last night

anotación *f.* annotation; diary entry

ansiedad *f.* anxiety

ansioso/a anxious, worried

ante *prep.* before; in the face of

antes *adv.* sooner, before; **antes de** *prep.* before

anticuado/a antiquated, old-fashioned

antiguo/a old

antropólogo/a anthropologist

anular to annul, nullify; to erase

anunciar to announce

año year

apagarse (**gu**) to go out (*fire, light*)

aparecer (**zc**) to appear

aparente apparent, seeming

aparición *f.* (ghostly) apparition

apariencia appearance

aparte apart, aside; **modestia aparte** modesty aside

apasionado/a passionate

apasionar to impassion, excite

apenar to sadden

apetito appetite

apoyo support

apreciar to appreciate

aprender to learn

aprensión *f.* apprehension

aprensivo/a apprehensive

apretado/a tight

apretar (**ie**) to hold tight

apropiarse de to appropriate

apuntar to point; to note down

apunte *m.* note

aquel, aquella *adj.* that (*over there*); **aquél, aquélla** *pron.* that one (*over there*); **en aquel entonces** back then, in those days

aquello that, that thing, that incident

árabe *n. m., f.; adj.* Arab

árbol *m.* tree

arboleda grove, wood

arbusto shrub, bush

archivo file

arder to burn

ardor *m.* ardor, passion; burning sensation

arena sand

aristócrata *m., f.* aristocrat

armada army, armada

armonía harmony

aroma smell, aroma

arquitecto/a architect

arrancar (**qu**) to pull off

arreglar to arrange; **arreglarse** to tidy oneself up

arriba overhead, upstairs

arropar to wrap with clothes, bundle up

arrugar (**gu**) to wrinkle

arte *m.* art

artículo article

artista *m., f.* artist

artístico/a artistic

asco disgust

asegurar to assure

asesinar to murder
asfixiante asphyxiating, suffocating
así so, thus
aspecto aspect
astrónomo/a astronomer
asumir to assume
asunto subject, matter
asustar to frighten
atardecer *m.* evening, dusk
atender (**ie**) to take care of; to serve
atentado crime, affront
atento/a attentive
aterrado/a terrified
aterrorizar (**c**) to terrify
atónito/a astonished
atormentar to torment
atracción *f.* attraction
atractivo/a *adj.* attractive; *n. m.* attraction
atraer (*like* **traer**) to attract
atrapar to trap
atrás: dejar atrás to leave behind
atravesar (**ie**) to cross, go through
atreverse a + *inf.* to dare to (*do something*)
aumentar to increase
aumento increase, raise
aun *adv.* even
aunque *conj.* although
autobús *m.* bus
autómata *m.* robot, automaton
automático/a automatic
autorización *f.* authorization
autorizar (**c**) to authorize
autosugestión *f.* self-suggestion
avance *m.* advance
aventura adventure

ávido/a avid
ayer yesterday
ayuda help
ayudar to help
azul blue
azulado/a bluish

bailador(a) dancer
bailar to dance; **sacar** (**qu**) **a bailar** to invite (*someone*) to dance
bailarina ballerina
baile *m.* dance, dancing; **salón** (*m.*) **de baile** dancehall
bajo/a low
balada ballad
banco bench; bank
bandido/a bandit
banquete *m.* feast
bar *m.* bar
barbaridad *f.* foolish act or word; insult
barrio neighborhood
barroco/a baroque
basar to base
básico/a basic
basta *interj.* enough
bastante rather, quite; enough; a lot
batalla battle
batería drum set
beber to drink
bebida drink
beca scholarship, grant
belleza beauty
beneficioso/a beneficial
besar to kiss
beso kiss
bienestar *m.* well-being

bienvenida *n.* welcome
bienvenido/a welcome
biográfico/a biographical
blanco/a white
boca mouth
bocadillo sandwich (*Sp.*)
boda wedding
bombardeo bombardment
bombón *m.* bonbon
bondad *f.* goodness, kindness
borde *m.*: **al borde de** on the verge of
borrar to erase
brazo arm
breve brief
brillante brilliant
brillar to shine
brindar to offer
broma prank, joke
bromear to joke
bruja witch
brusco/a brusque
buen, bueno/a *adj.* good; **buenos días** good morning; **buen provecho** enjoy your meal
bueno *adv.* well
burgués, burguesa bourgeois
burlarse de to make fun of, mock
buscar (**qu**) to search for, look for, seek
búsqueda search, quest

caballero knight
caballeroso/a gentlemanly
cabello hair
cabeza head
cada *inv.* each, every; **cada cual** each one

cadáver *m.* corpse
cadena chain; network
caer *irreg.* to fall; **caer en la trampa** to fall into the trap
café *m.* café; coffee
caja box
calidad *f.* quality
calificación *f.* grade, mark
calma *n.* calm
calmado/a calm
calmar to calm
calor *m.* heat, warmth
caluroso/a warm
callado/a silent
callar to keep silent
calle *f.* street
cama bed
cambiar to change
cambio change; **en cambio** on the other hand
camello *coll.* drug dealer, pusher (*Sp.*)
caminar to walk
caminata walk
camino a on the way to
camisa shirt
campamento campsite
campeador *m.* great warrior
campo field
canción *f.* song; **canción de cuna** lullaby
canela cinnamon
canguro kangaroo
canino/a canine
cansado/a tired
cansar to tire
cantante *m., f.* singer
cantar *m.* song; *v.* to sing
cantidad *f.* quantity
caos *m.* chaos
caótico/a chaotic

capa cape, cloak
capacidad *f.* capacity
capaz (*pl.* capaces) able, capable
capital *f.* capital (city)
capítulo chapter
captar to capture; to understand
capturador(a) captor
cara face
carácter *m.* character
característica characteristic
carcajada guffaw
cargar (gu) to load; to carry
Caribe *n. m.* Caribbean
caricia caress
cariño love, affection
carnaval *m.* carnival
carne *f.* flesh
carrera career; course of study
casamiento marriage
casarse (con) to get married (to)
casi almost
caso case; hacerle (*irreg.*) caso a alguien to pay attention to someone
castaño/a brown
castellano/a Castilian
castigo punishment
castillo castle
catástrofe *f.* catastrophe
catedral *f.* cathedral
causar to cause
ceder to yield
cegador(a) blinding
cegar (ie) (gu) to blind
celebrar to celebrate
celos: tener (*irreg.*) celos to be jealous
celoso/a jealous
cena dinner, supper

cenar to eat dinner, supper
cenicero ashtray
ceniza ash
centrífugo/a centrifugal
centro center
ceño frown
cerca *adv.* near, nearby; cerca de *prep.* near
cercano/a near
cerdo pig
cerebro mind, brain
cerrar (ie) to close
certeza certainty
cesar to cease
cesta basket
cibernética *s.* cybernetics
ciclo cycle
ciclón *m.* cyclone
ciego/a blind
ciencia science; ciencia ficción *f.* science fiction
científico/a scientific
cierto/a certain, true
cigarrillo cigarette
cima summit
cine cinema; movies
circunstancia circumstance
cita date, appointment; faltar a una cita to break an appointment
ciudad *f.* city
ciudadano/a citizen
civil *adj.* civilian
claro *adv.* of course
claro/a clear
clave *f.* key
cliente *m., f.* client, customer
clima *m.* climate
clínica clinic
cocina kitchen
cóctel *m.* cocktail

coche *m.* car
código code
colear: vivito y coleando alive and kicking
colección *f.* collection
coleccionar to collect
coleccionista *m., f.* collector
colegio (mayor) student residence, dormitory
colgar (ue) (gu) to hang up
colilla cigarette butt
color *m.* color
combatir to fight, battle
comediante/a comedian, comedienne
comentar to comment (on)
comentario comment
comenzar (ie) (c) to begin
comer to eat
cometer to commit
cómico/a comical, funny
comienzo beginning
como: tan... como as . . . as
cómodo/a comfortable
compañero/a companion, friend
compañía company, companionship
comparación *f.* comparison
comparar to compare
compartir to share
compasión *f.* compassion, pity
competente competent
competir (i, i) to compete
complacer (zc) to please
complejo/a complex
completar to complete
completo/a complete, total; **por completo** completely
complicado/a complicated
comprar to buy

comprender to understand
comprensivo/a understanding
comprobar (ue) to verify
comprometerse to become engaged
compromiso engagement
computadora computer
comunicar (qu) to communicate
comunidad *f.* community
con with; **con frecuencia** frequently; **con respecto a** with respect to
conceder to grant
concentrar to concentrate
concepto concept
conciencia consciousness
concluir (y) to conclude, finish
conclusión *f.* conclusion
concreto/a concrete
condena sentence, punishment
condenado/a condemned
condición *f.* condition
conducir (*irreg.*) to drive
conectar to connect
conexión *f.* connection
confesar (ie) to confess
confesión *f.* confession
confianza confidence, trust
confiar (confío) (en) to confide; to trust (in)
conflicto conflict
confundir to confuse
confusión *f.* confusion
conmover (ue) to move
conocer (zc) to know; to meet
conocido/a well-known
conquistar to conquer; to win (over)
consciente conscious

conseguir (**i, i**) (**g**) to obtain, get; **conseguir** + *inf.* to succeed in (*doing something*)

consejero/a counselor

consejo advice

considerar to consider

consistencia consistency

constante lasting, enduring

constatar to verify

construcción *f.* construction

construir (**y**) to construct, build

contacto contact

contagioso/a contagious

contaminación *f.* contamination

contaminar to infect

contar (**ue**) to tell, relate

contemplar to look at

contemporáneo/a contemporary

contener (*like* **tener**) to contain

contento/a happy, content

contestador *m.* answering machine

contexto context

continuar (**continúo**) to continue

contra against

contrariar to go against; to defy

contrario: al contrario on the contrary; **de lo contrario** otherwise

contrato contract

contribución *f.* contribution

contribuir (**y**) to contribute

contrincante *m.* rival

control *m.* control

controlar to control

convencer (**z**) to convince

conversación *f.* conversation

conversar to converse, talk

convertir (**ie, i**) to convert; **convertirse en** to turn into

convicción *f.* conviction

convincente convincing

copa wineglass

corazón *m.* heart

corbata tie

cordura good sense; sanity

correr to run

cortar to break off

cortejo courtship

cortina curtain

cosa thing

costumbre: de costumbre usually

cotidiano/a daily

creación *f.* creation

creador(a) creator

crear to create

crecer (**zc**) to grow

creencia belief

creer (**y**) (**en**) to think, believe (in)

crema cream

criar (**crío**) to bring up

crimen *m.* crime

criminal *m., f.* criminal

crisis *f.* crisis

cristalino/a crystalline

crónica chronicle, history

cronista *m., f.* chronicler

crudo/a harsh

cruzado/a crossed

cuaderno notebook

cuadrado/a square

cuadro painting

cual which; **cada cual** each one; **por lo cual** for which reason, because of which

¿cuál? what?, which?; **¿cuáles?** which ones

cualquier(a) any

cuanto: en cuanto *conj.* as
soon as

cuánto/a *rel. pron.* how much,
how many

cuarto room

cubista cubist

cubrir (*p.p.* **cubierto/a**) to
cover; to envelop; **cubierto/a**
p.p. covered

cuenta account; **darse** (*irreg.*)
cuenta to realize

cuerpo body

cuestión *f.* matter; **en cuestión
de** in the matter of

cuestionamiento questioning

cuestionar to question

cuidado careful; **tener** (*irreg.*)
cuidado to be careful

cuidar to take care of

culpa fault

culpable guilty

cultura culture

cumplir (**con**) to fulfill

cuna: canción (*f.*) **de cuna**
lullaby

curar to cure

curiosidad *f.* curiosity

cursar to study

cursi tasteless; trite

curso course

chaqueta jacket

charla chat

chico/a boy, girl

chispa spark

chiste *m.* joke

chocolate *m.* (hot) chocolate

chorro stream

chupar to suck

churro fritter

danza dance

danzar (**c**) to dance

daño: hacerle (*irreg.*) **daño a
alguien** to hurt someone

dar *irreg.* to give; **darle a uno
la gana de** + *inf.* to feel like
(*doing something*); **darle a
uno gracia** to strike someone
as funny; **dar mala espina** to
cause suspicion; **darse
cuenta** (**de**) to realize

datar to date

datos *m. pl.* data, information

deber *v.* to owe; **deber** + *inf.*
should, must, ought to (*do
something*); *m.* responsibility,
obligation

débil weak

debilidad *f.* weakness

decadente decadent

decidir to decide, determine

decir *irreg.* to say, tell

decisión *f.* decision; **tomar una
decisión** to make a
decision

dedicación *f.* dedication

dedicar (**qu**) to dedicate, devote

dedo finger

deducir (*irreg.*) to deduce

defecto defect, fault

defensiva: a la defensiva on
the defensive

definir to define

dejar to leave; to allow; **dejar
atrás** to leave behind; **dejar
de** + *inf.* to stop (*doing
something*)

delicioso/a delightful

demacrado/a worn-out,
emaciated

demás: los/las demás others,
other people

demasiado *adv.* too; too much

demasiado/a *adj.* too much; *pl.* too many

demonio devil, demon

demostrar (**ue**) to show

denegar (**ie**) (**gu**) to deny

denso/a dense

dentro de inside; within

denunciar to denounce

departamento department

depender to depend

depositar to put; to place

deprimirse to get depressed

derecho right

derivar to derive

derribar to knock down

desactivar to deactivate

desafiante defiantly

desaparecer (**zc**) to disappear

desaparición *f.* disappearance

desastre *m.* disaster

desayunar to have breakfast

descabellado/a wild, crazy

descansar to rest

descender (**ie**) to go down, descend

descifrar to decipher

desconfiado/a distrustful

desconfianza distrust

desconfiar (**desconfío**) to distrust

desconocido/a unknown

describir to describe

descripción *f.* description

descubrir (*p.p.* **descubierto/a**) to discover; **descubierto/a** *p.p.* discovered

descuidado/a careless

desde *prep.* from; since

deseable desirable

desear to desire, want

desenfocar (**qu**) to blur, go out of focus

desenfundar to unsheath

deseo desire, wish

desesperado/a desperate

desesperante causing despair

desespero despair

desierto/a deserted

desintegrar to disintegrate

desistir de to desist from, stop

desmayarse to faint

desordenado/a disorderly

despacho office

despedirse (**i, i**) to say goodbye

despeinado/a disheveled

despertar (**ie**) to wake up

despreciable despicable

desprecio contempt

después *adv.* after, afterwards; later; then; **después de** *prep.* after; **después de todo** after all

destacar (**qu**) to stand out

destello beam; flash (*of light*)

destino destiny

destrucción *f.* destruction

destruir (**y**) to destroy

detallado/a detailed

detalle *m.* detail

detallista *m., f.* detail-oriented

detector *m.* detector

detener (*like* **tener**) to stop; to keep

detestar to detest

detrás de *prep.* behind

devoción *f.* devotion

devolver (**ue**) to restore

devorar to devour

día *m.* day; **buenos días** good morning; **hoy día** nowadays

diablo devil

diabólico/a demonic; diabolical

diáfano/a translucent

dialogar (**gu**) to converse
diálogo dialogue
diario diary
diario/a daily
dicho saying
diferencia difference
diferente different
difícil difficult
digno de worthy of
dinámico/a dynamic
dinero money
Dios *m.* God
directo/a direct
director(**a**) director
dirigir (**j**) to manage; to address
discoteca discotheque
discreto/a discreet
disculpa: pedir (**i, i**)
   disculpas to apologize
discutir to discuss
diseñador(**a**) designer
diseñar to design
disfrazar (**c**) to disguise
disfrutar to enjoy
disgustar to displease, annoy
disgusto irritation
disipar to dispel
disminuir (**y**) to lessen
dispersarse to scatter
dispuesto/a: *p.p.* **estar** (*irreg.*)
   dispuesto/a to be ready to,
   be prepared to, be willing to
distancia distance
distante distant
distraído/a absent-minded
diversión *f.* entertainment
divertirse (**ie, i**) to have a good
   time
dividir to divide
divulgar (**gu**) to divulge
doctor(**a**) doctor

documentación *f.*
   documentation
documentar to document
documento document
doler (**ue**) to hurt, ache
doliente sad, sorrowful
dolor *m.* pain, ache
doloroso/a painful
domingo Sunday
don *m.* title of respect used with
   a man's first name; talent
doncella maiden
doña title of respect used with a
   woman's first name
dormido/a asleep
dormir (**ue, u**) to sleep
dormitorio bedroom
dramático/a dramatic
dramaturgo playwright
droga drug
drogadicto/a drug addict
drogar (**gu**) to drug
duda doubt; **sin duda** without
   a doubt
dueño/a owner
dulce sweet
dulzón, dulzona pleasant, soft
durante *prep.* during; for
durar to last

e and (*used instead of* **y** *before
   words beginning with* **i** *or* **hi**)
ecléctico/a eclectic
eco echo
economía economics
echar a + *inf.* to begin to (*do
   something*); **echar de menos**
   to miss
edad *f.* age
edificio building

editorial *m.* editorial
efecto effect
eficaz (*pl.* **eficaces**) efficient
efímero/a ephemeral, short-lived
ejemplo: por ejemplo for example
electricidad *f.* electricity
electrónico/a electronic
elegancia elegance
elegante elegant
elegido/a chosen
eliminar to erase; to delete
embajador(a) ambassador
embargo: sin embargo however, nevertheless
embrujar to bewitch
emerger (**j**) to emerge
emitir to emit
emoción *f.* emotion
empezar (**ie**) (**c**) to begin, start
empleado/a employee
emplear to use
empleo job
emprender to begin, undertake
empresa company
empujar to push
enamorado/a in love
enamorarse (**de**) to fall in love (with)
encantar to enchant, delight
encargarse (**gu**) to take charge (of), be responsible for
encarnación *f.* incarnation
encarnar to embody; to make real
encima: por encima above
encogedor(a) shrink(er)
encoger (**j**) to shrink

encontrar (**ue**) to find; to meet, encounter; **encontrarse** to find oneself; **encontrarse con alguien** to meet someone
encuentro encounter, meeting
enemigo/a enemy
energía energy
enero January
enfocar (**qu**) to focus
enfrentar to confront
enfurecer (**zc**) to infuriate
engañar to trick
enhorabuena congratulations
enigma *m.* enigma
enigmático/a enigmatic
enloquecer (**zc**) to go insane
enojarse (**con**) to get angry (with)
enorme enormous
enseñar to show
entender (**ie**) to understand
entidad *f.* entity
entonces *adv.* then, in that case; **en aquel entonces** back then, in those days
entrada entrance; access
entrar to enter, go in
entre *prep.* between, among
entregar (**gu**) to deliver, hand over
entretenimiento entertainment
entrevista interview
entristecerse (**zc**) to become sad
entusiasmar to make enthusiastic
entusiasmo enthusiasm
envejecer (**zc**) to age
enviar (**envío**) to send
épico/a epic
época era, time

equivalente *m.* equivalent
equivocarse (**qu**) to be
 mistaken
errado/a mistaken
escalofrío chill
escapar to escape
escapatoria escape, way out
escena scene
esclavo/a slave
escogido/a chosen
esconder to hide, conceal
escotado/a low-cut (*dress*)
escribir (*p.p.* **escrito/a**) to
 write; **escrito/a** *p.p.* written
escritor(**a**) writer
escritorio desk
escritura writing; **escritura a**
 máquina typewriting
escuchar to listen to
ese, esa *adj.* that; **ése, ésa**
 pron. that one
esfera sphere
esfuerzo effort
esfumarse to vanish
esos/as *adj.* those; **ésos/as**
 pron. those (ones)
espacio space
espacioso/a spacious
espada sword
español(**a**) Spanish
españolizar (**c**) to Hispanize
especial special
especialidad *f.* specialty
especialista *m., f.* specialist
espectacular spectacular
espectador(**a**) spectator
espejo mirror
esperanza hope
esperar to hope; to expect; to
 wait for
espina: dar (*irreg.*) **mala**

espina to cause suspicion
espíritu *m.* spirit
espiritual spiritual
esplendor *m.* splendor
esplendoroso/a magnificent
esposo/a husband, wife
esquina corner
estabilidad *f.* stability
estación *f.* season
estar *irreg.* to be; **estar a punto**
 de + *inf.* to be about to (*do*
 something); (**no**) **estar de**
 acuerdo (**con**) (not) to agree
 (with); **estar dispuesto/a a** +
 inf. to be ready to, be
 prepared to (*do something*)
estatua statue
estatuto statute, law
este/a *adj.* this; **éste/a** *pron.*
 this one; **esta noche** tonight
estereotipado/a stereotypical
estereotipo stereotype
estilo style
estimado/a esteemed
estimular to stimulate
esto this, this thing, this matter
estos/as *adj.* these; **éstos/as**
 pron. these (ones)
estrella star
estructura structure
estruendo clamor
estruendoso/a deafening
estudiante *m., f.* student
estudiantil *adj.* student
estudiar to study
estudio study; *pl.* studies
estupefacto/a stupefied
estupendo/a wonderful
etapa era, stage
eternidad *f.* eternity
eterno/a eternal

eufórico/a euphoric
Europa Europe
evadir to evade
evento event
evidencia evidence
evitar to avoid
evolución *f.* evolution
exacto/a exact
exagerado/a exaggerated
exaltamiento exhaltation
examen *m.* exam
examinar to examine, question
exasperante exasperating
exasperar to exasperate
excelente excellent
excéntrico/a excentric
exclamar to exclaim
excremento excrement
excusa excuse
exhausto/a exhausted
exhibir to exhibit
existencia existence
existir to exist
éxito success
exitoso/a successful
experiencia experience
experimentar to experience
experto/a expert
explicación *f.* explanation
explicar (**qu**) to explain
explorar to explore
explotar to explode
exposición *f.* exhibition
expresar to express
expresión *f.* expression
expulsar to expel, throw out
extasiado/a enrapt
extraer (*like* **traer**) to extract
extranjero/a foreign
extrañar to miss; to find strange
extraño/a strange

extraordinario/a extraordinary
extremo extreme

fabuloso/a fabulous
fácil easy
facilitar to facilitate
facultad *f.* faculty; school (*of a university*)
falso/a false
falta lack; **hacer** (*irreg.*) **falta** to be missing, lacking
faltar a una cita to break an appointment
fama reputation
famoso/a famous
fantasía fantasy; imagination
fantasma ghost
fantástico/a fantastic
farsa farse
farsante *m., f.* fraud (*person*)
fascinante fascinating
fascinar to fascinate
fascista *m., f.* fascist
fastidiar to annoy
fatal fatal; bad
fatigoso/a fatiguing
favor: por favor please
favorito/a favorite
fe *f.* faith
febril feverish
fecha date
felicidad *f.* happiness
feliz (*pl.* **felices**) happy
femenino/a feminine
fenomenal fabulous, fantastic
feroz (*pl.* **feroces**) ferocious
fervor *m.* fervor
ficción *f.* fiction; **ciencia ficción** *f.* science fiction
fiel faithful
fiesta party

figura figure
fijamente: mirar fijamente to stare
fijar to fix; to set
fijo/a fixed
fílmico/a *adj.* film
filosofía philosophy
filosófico/a philosophical
filósofo philosopher
fin *m.* end; **en fin** in short; **fin de semana** weekend; **por fin** finally
final *adj.* final; *n. m.* end; **poner** (*irreg.*) **punto final** to finish
firmar to sign
firme *adj.* firm; *adv.* firmly
firmeza firmness
físico/a physical
fláccido/a flaccid
flamenco/a flamenco
flecha arrow
flechazo arrow shot
flor *f.* flower
flotar to float
fluir (**y**) to flow
fogata bonfire
fondo bottom; **en el fondo** deep-down; basically
fontanería plumbing
fontanero plumber
forma form; way
fornido/a strong
fortuna fortune
forzar (**ue**) (**c**) to force
fosforescente phosphorescent
foto *f.* photo
fragmentarse to break into fragments
fragmento fragment
francés *m.* French (*language*)

frase *f.* phrase
frecuencia: con frecuencia frequently
frecuentar to frequent
frecuente frequent
frenético/a frenetic
frente *f.* forehead; **frente a** *adv.* facing, opposite
fresco/a fresh, cool, new
frío/a cold; **hacer** (*irreg.*) **frío** to be cold
frondoso/a leafy
frotarse to rub together
fruncido/a wrinkled
fruta fruit
fuego fire
fuente *f.* source; fountain
fuera *adv.* outside
fuerte strong; harsh
fuerza strength; force
fumador(a) smoker
fumar to smoke
función *f.* function
funcionamiento functioning
funcionar to run, work
furioso/a furious
futuro *n.* future
futuro/a *adj.* future

gabardina raincoat
gafas *f. pl.* glasses
galán *m.* actor; leading man
gana: darle (*irreg.*) **a uno la gana de** + *inf.* to feel like (*doing something*)
ganar to earn; to win; to gain
ganas: tener (*irreg.*) **ganas de** + *inf.* to feel like (*doing something*)
garantizar (**c**) to guarantee
gasto expense

gemir (**i, i**) to groan
genial brilliant
genocidio genocide
gente *f.* people
gesto gesture
gigantesco/a gigantic
gira tour
gobierno government
golpe *m.* beat; **de golpe**
  suddenly
golpear to hit
gordo/a fat
gota drop
grabadora tape recorder
grabar to record
gracia charm; **darle** (*irreg.*) **a**
  uno gracia to strike someone
  as funny
gracias thanks
gracioso/a funny
gran, grande large, big; great
grandioso/a grand
grave serious
gris gray
gritar to shout
grito shout
grueso/a thick
grupo group
guante *m.* glove
guapo/a good-looking
guardar to keep (*a secret*);
  guardar silencio to keep
  silent
guarida den, lair
guerra war
guerrero/a warrior
guiar (**guío**) to guide; to
  lead
gustar to be pleasing; to like
gusto taste; **a gusto**
  comfortable

haber *irreg.* to have (*auxiliary*);
  había there was/were; **hay**
  there is/are
hábil capable
habitación *f.* bedroom
habitante *m., f.* inhabitant
habitar to inhabit
hablador(**a**) talkative
hablar to speak; to talk
hacer *irreg.* to do; to make;
  hacer + *time* ago; **hacer falta**
  to be missing, lacking; **hacer**
  frío to be cold; **hacerle caso**
  a alguien to pay attention to
  someone; **hacerle daño a**
  alguien to hurt someone;
  hacerse to become; **hacer sol**
  to be sunny;
hacia toward
hambre: tener (*irreg.*) **hambre**
  to be hungry
hambriento/a hungry
hasta *adv.* even; *prep.* until; up
  to
hazaña heroic feat
hechizo spell, charm
hecho *n.* fact, event; **de hecho**
  in fact
hecho/a *p.p.* made, done
herido/a hurt;
herir (**ie, i**) to wound, hurt
hermano/a brother, sister
hermoso/a beautiful
héroe *m.* hero
hidalgo nobleman
hielo ice
hijo/a son, daughter; *pl.*
  children
hilo thread
hiperactivo/a hyperactive
hipnosis *f.* hypnosis

hipnotizar (**c**) to hypnotize
hipócrita *m., f.* hypocrite
historia story; history
historiador(**a**) historian
histórico/a historical
hogar *m.* home
hola hello
holográfico/a holographic
holograma *m.* hologram
hombre *m.* man
hombro shoulder
honesto/a honest
honor *m.* honor
hora hour; time
hornear to bake
horrendo/a horrible
horror: ¡qué horror! how
  dreadful!
hoy today; **hoy día** nowadays
huella sign; fingerprint
hueso bone
huir (**y**) to flee
humano/a human; **ser** (*m.*)
  humano human being
humilde humble
humor *m.* humor; mood
huraño/a unsociable

idear to plan, think up
identidad *f.* identity
idilio love affair
idioma *m.* language
iglesia church
igual same
ilegal illegal
imagen *f.* image, picture;
  appearance
imaginación *f.* imagination
imaginar to imagine, suppose
imitar to imitate
impacto impact

impedir (**i, i**) to prevent
imperfección *f.* imperfection
imperioso/a imperative
implorar to implore
imponente imposing
importar to import; to be
  important, matter
importante important
impregnar to saturate
impresión *f.* impression
impresionante impressive
impresionismo impressionism
impresionista impressionist
impresora (computer) printer
impulsar to impel, force
impulso impulse
inaugurar to inaugurate
incapaz (*pl.* **incapaces**)
  incapable
incidente *m.* incident
incitante inciting, rousing
incluir (**y**) to include; to enclose
incluso *adv.* even, including
incómodo/a uncomfortable
incompleto/a incomplete
incorporar to incorporate;
  incorporarse to sit up, stand
  up
incrédulo/a incredulous
increíble incredible
incrementar to increase
incriminador(**a**) incriminating
indecisión *f.* indecision
indeciso/a indecisive
indefenso/a defenseless
índice *adj.* index (finger); *n.*
  index
indiscutible indisputable
individuo individual
índole *f.* type
inercia inertia

inerte inert
infancia childhood
infectar to infect, contaminate
infeliz *m., f.* (*pl.* **infelices**)
   wretch
infierno hell
infiltrar to infiltrate
infinito/a infinite
influencia influence
información *f.* information
informar to inform, tell
informática computer science
informatizar (c) to
   computerize
infusión *f.* infusion
inglés *m.* English (*language*)
inglés, inglesa English (*person*)
inhumano/a inhuman
iniciar to begin
injusticia injustice
injusto/a unjust
inmediato/a immediate; **de
   inmediato** immediately
inmensidad *f.* immensity
inmóvil immobile
innovación *f.* innovation
inocente innocent
inofensivo/a inoffensive
inquieto/a restless
insertar to insert
insistencia insistence,
   persistence
insistir to insist; to persist
insoportable unbearable
inspirar to inspire
instante *m.* instant
institución *f.* institution
instituto institute
instrumento instrument
insultar to insult
insulto insult

insuperable insurmountable
inteligencia intelligence
intención *f.* intention
intenso/a intense
intentar to try
interesante interesting
interesar to interest
interior *m.* interior, inside
interrumpir to interrupt
intervenir (*like* **venir**) to
   intervene
íntimo/a intimate
intuición *f.* intuition
inundar to fill, inundate
inusitado/a unusual
inútil useless
invadir to invade
invalidar to invalidate
invención *f.* invention
inventar to invent
investigación *f.* investigation
invierno winter
invitación *f.* invitation
invitado/a guest
invitar to invite
involucrar to involve, implicate
ir *irreg.* to go; **ir a** + *inf.* to be
   going to (*do something*); **irse**
   to leave, go away
irónico/a ironic
irregularidad *f.* irregularity
irritado/a irritated
isla island

jamás never
jamón *m.* ham
jardín *m.* garden
jefe/a boss
joven *n. m., f.* young person;
   adj. young
juego game

jueves *m. inv.* Thursday
jugar (ue) (gu) to play
juguete *m.* toy
juicio: sano juicio right mind
junio June
junto a alongside, next to
juntos/as together
jurar to swear

kilómetro kilometer

labio lip
lado side
ladrón, ladrona thief
lago lake
lágrima tear
lamentablemente
   unfortunately
lamento lament, moan
lánguido/a faint
lapso lapse
largo/a long
lástima shame
lección *f.* lesson
lector(a) reader
leer (y) to read
legendario/a legendary
lejano/a distant, remote
lejos far away
lema *m.* slogan
lengua tongue; language
lenguaje *m.* language
lento/a slow
león *m.* lion
letargo lethargy
letra letter (*alphabet*)
levantar to lift; levantar en
   peso to lift into the air;
   levantarse to get up
leve *adj.* light; slight
leyenda legend
liberar to liberate, free

libertad *f.* liberty, freedom
libre free
libro book
lienzo canvas
limitación *f.* limitation
límite *m.* boundary
líquido liquid
listo/a ready
literario/a literary
loco/a crazy; volverse loco/a
   to drive, go crazy
locuaz (*pl.* locuaces) talkative
locura madness, insanity
lógica logic
lógico/a logical
lograr to achieve; to manage
lucidez *f.* lucidity, clarity
lúcido/a lucid
luchar to fight
luego then, next
lugar *m.* place; tener (*irreg.*)
   lugar to take place
lujo luxury
luna moon
lunes *m. inv.* Monday
luz *f.* (*pl.* luces) light

llama flame
llamada call
llamar to call; llamarse to be
   called
llegada arrival
llegar (gu) to arrive, reach
llenar to fill (up)
lleno/a full
llevar to take; to carry; to wear
llorar to cry
llover (ue) to rain
lluvia rain

macabro/a macabre
macho *n.* male; male chauvinist

madre *f.* mother
madrileño/a from Madrid
madrugada dawn
maduro/a mature
maestro/a: obra maestra
  masterpiece
magia magic
mágico/a magical
magnificar (qu) to magnify
magnífico/a magnificent
mago magician
majo/a attractive; nice
mal, malo/a *adj.* bad
mal *adv.* badly
mal *m.* evil
maldad *f.* wickedness, evil
maldito/a cursed, damned
maloliente foul-smelling
mallas *f. pl.* tights, leggings
mandar to send
mandato order
manera manner, way
mano *f.* hand
mansión *f.* mansion
mantener (*like* **tener**) to
  maintain, keep up; to support
manuscrito manuscript
manzana (city) block
mañana morning
maquillaje *m.* make-up
máquina machine; **escritura a
  máquina** typewriting
mar *m.* sea
maravilloso/a marvelous,
  wondrous
marcar (qu) to mark
marco frame
marchar to leave
mareo dizziness
mármol *m.* marble
martes *m. inv.* Tuesday

mártir *m., f.* martyr
masa mass
masacre *m.* massacre
masculino/a masculine
más tarde later
matar to kill
matemático/a mathematician
materia substance
matiz *f.* (*pl.* **matices**) nuance
matrimonio marriage
mayor: colegio mayor student
  residence, dormitory; **plaza
  mayor** main square
mecanismo mechanism
medialuna croissant
medianoche *f.* midnight
médico/a doctor
medida measure; **a medida
  que** at the same time as,
  while
medio *n.* means
medio/a *adj.* half; middle
mejilla cheek
mejor better; best
melodía melody
melodrama *m.* melodrama
memoria memory
mencionar to mention
menor younger; least, slightest
menos less; least; **echar de
  menos** to miss; **por lo menos**
  at least
mensaje *m.* message
mente *f.* mind
mentir (ie, i) to lie
mentira lie
merecer (zc) to deserve
merienda snack
mermelada marmalade
mes *m.* month
mesa table

mesón *m.* tavern
meterse to get into
metrópolis *f.* metropolis
mezcla mixture
mezclado/a mixed
micrograbadora microrecorder
microplaqueta microchip
miedo fear; **tener** (*irreg.*)
  miedo to be afraid
miel *m.* honey
mientras while
miércoles *m. inv.* Wednesday
milagro miracle
milenario/a millenial
minúsculo/a *adj.* minute, very
  small
minuto minute
mirada look, gaze
mirar to look at, watch; **mirar**
  fijamente to stare
mismo/a same; self; **ahora**
  mismo right now
misterio mystery
misterioso/a mysterious
místico/a mystical
mitad *f.* half
moda: de moda in style
modelo *m., f.* (fashion) model
moderno/a modern
modestia: modestia aparte
  modesty aside
modo: de todos modos anyway
moldear to mold
molestar to annoy, bother
molestia bother
molesto/a annoyed
molino windmill
momentáneo/a momentary
momento moment
monólogo monologue
monstruo monster

montaña mountain
montón *m.* heap, pile
monumento monument
moño bun (*hair*)
morado/a purple
moribundo/a moribund, dying
morir (**ue, u**) (*p.p.* **muerto/a**)
  to die
moro/a Moor
mostrar (**ue**) to show
motivar to motivate, cause
motivo cause
mover (**ue**) to move
movido/a lively, active
movimiento movement
mucho/a much, a lot
mudanza moving
mudarse to move (*residence*)
mudo/a mute
muebles *m. pl.* furniture
muerte *f.* death
muerto/a *p.p.* dead
muestra sample
mujer *f.* woman
mujeriego womanizer
mundial worldwide
mundo world
murmurar to murmur
musculoso/a muscular
museo museum
música music
mutuo/a mutual

nacer (**zc**) to be born
nada nothing
nadador(a) swimmer
nadie nobody, not anybody
narcótico narcotic
nariz *f.* nose
narrador(a) narrator
narrar to narrate

náusea nausea
necesario/a necessary
necesidad *f.* necessity
necesitar to need
negar (ie) (gu) to deny, refuse
negativo/a negative
negro/a black
nervioso/a nervous
neurosis *f.* neurosis
ni *conj.* neither, nor; not even;
  ni siquiera not even
niebla fog
ningún, ninguno/a no, none,
  not any
niño/a boy, girl
nocturno/a *adj.* night
noche *f.* night; esta noche
  tonight
nombrar to name
nombre *m.* name
normalidad *f.* normality
notar to notice, observe
noticias *f. pl.* news
novela novel
novelista *m., f.* novelist
novio/a boyfriend, girlfriend
nube *f.* cloud
nublado/a cloudy
nuevo/a new
número number
numeroso/a numerous
nunca never

obedecer (zc) to obey
objetivo objective
objeto object
obligación *f.* obligation
obligar (gu) to obligate, force
obra work; obra de teatro
  play; obra maestra
  masterpiece

obsceno/a obscene
observador(a) observer
observar to observe
obsesionar to obsess
obsoleto/a obsolete
obstáculo obstacle
obtener (*like* tener) to obtain
obvio/a obvious
ocasión *f.* occasion
ocupado/a busy
ocurrir to occur, happen
odiar to hate
ofender to offend
oferta offer
oficial *adj.* official
oficina office
ofrecer (zc) to offer, volunteer
oído ear
oír *irreg.* to hear
ojalá que I wish that
ojeroso/a having dark circles
  under the eyes
ojo eye
olor *m.* smell
olvidar(se) (de) to forget
ondulado/a wavy
opinar to think, opine
opinión *f.* opinion
oportunidad *f.* opportunity
opresivo/a oppresive
optimismo optimism
optimista optimistic
orden *m.* order
ordenador *m.* computer
ordenar to order
orgulloso/a proud
originar to originate
orquestación *f.* orchestration
oscilador *m.* oscillator
oscilante oscillating
oscurecer (zc) to darken

oscuridad *f.* darkness
oscuro/a dark
ostentoso/a ostentatious
otoño autumn, fall
otro/a other, another; **otra vez** again

paciencia patience
paciente/a patient
padre *m.* father
paella paella (*dish made with rice, shellfish, and often chicken, and flavored with saffron*)
pagar (**gu**) to pay (for)
página page
país *m.* country
paisaje *m.* landscape
palabra word
palacio palace
pálido/a pale
paliza beating
palpar to feel
pan *m.* bread
pantalones *m. pl.* pants; **pantalones tejanos** jeans
pantalla screen
papá *m.* dad
papel *m.* paper
par *m.* pair
para *prep.* (intended) for; in order to; **para que** *conj.* so that
paradero whereabouts
parálisis *f.* paralysis
paralizar (**c**) to paralyze
parar to stop
parco/a sparing
parecer (**zc**) to appear, seem; **parecerse** to look like, resemble

pared *f.* wall
párpado eyelid
parque *m.* park
parte *f.* part; **por todas partes** everywhere
participar to participate
partir to leave; **a partir de** starting from
pasado past
pasajero/a passenger
pasar to spend (*time*); to pass; to happen
pasatiempo pastime
pasear to take a walk
paseo avenue; walk
pasillo hall
pasión *f.* passion
paso step; passage
patria homeland
pausa pause
paz *f.* (*pl.* **paces**) peace
pedir (**i, i**) to ask (for); **pedir disculpas** to apologize
pelea fight
pelear to fight
película movie
peligro danger
peligroso/a dangerous
pelo hair
pena shame; (**no**) **valer la pena** (not) to be worthwhile
penetrante penetrating
penetrar to penetrate
pensamiento thought
pensar (**ie**) to think
penumbra semi-darkness
peor worse; worst
pequeño/a small
percibir to perceive, sense
perder (**ie**) to lose; **perderse** to get lost

perdón *m.* pardon, forgiveness
perdonar to forgive, excuse
perfecto/a perfect
periódico newspaper
periódico/a *adj.* periodic
periodista *m., f.* journalist
período period
permiso permission
permitir to permit, allow
perpetuarse to be perpetuated
perro dog
perseguidor(a) pursuer, persecutor
perseguir (i, i) (g) to pursue
persistencia persistence
personaje *m.* character
personalidad *f.* personality
pertenecer (zc) to belong
perturbador(a) disturbing, upsetting
perturbar to disturb, upset
pesadilla nightmare
pesar: a pesar de in spite of
pesar to be heavy
peso: levantar en peso to lift into the air
pestaña eyelash
petición *f.* request
pícaro/a mischievous
pie *m.* foot; **a pie** on foot; **de pie** standing
piel *m.* skin
pinta look, appearance
pintar to paint
pintor(a) painter
pintura painting
pirata *m.* pirate
pisar to step on
piso apartment; floor
pisotón *m.* heavy stamp on someone's foot

placer *m.* pleasure, joy
plan *m.* plan
plana: primera plana first page
planear to plan
planeta *m.* planet
plano/a flat, even
plaza square; **plaza mayor** main square
pleno/a full, complete
pliegue *m.* pleat
pluma feather
población *f.* population
pobre poor
poco *adv.* little; a little bit; **poco a poco** little by little
poco/a *adj.* little, few
poder *m.* power; *v. irreg.* to be able, can
poderoso/a powerful
poema *m.* poem
poeta *m., f.* poet
poético/a poetic
policía police
política politics
polvo dust; **estar** (*irreg.*) **hecho polvo** to be worn out
poner *irreg.* to put, place; **poner punto final** to finish; **ponerse** to put oneself; **ponerse a +** *inf.* to begin to (*do something*); **ponerse de pie** to stand up; **ponerse de rodillas** to kneel
pontificar (qu) to pontificate
por *prep.* by, for, through; **por completo** completely; **por ejemplo** for example; **por encima** above; **por favor** please; **por fin** finally; **por lo cual** for which reason, because of which; **por lo menos** at

least; **por suerte** luckily; **por supuesto** of course; **por todas partes** everywhere **¿por qué?** why?
porte *m.* bearing; appearance
portero/a building manager
portón *m.* main door of a house
porvenir *m.* future
posibilidad *f.* possibility
positivo/a positive
pozo *n.* well
práctica practice
práctico/a practical
precisamente precisely
predecir (*like* **decir**) to predict
predicción *f.* prediction
predilecto/a favorite
preferir (**ie, i**) to prefer
pregunta question
preguntar to ask
premio prize
premonición *f.* premonition
preocupación *f.* worry
preocupar to preoccupy, worry
preparar to prepare
presagio omen
presencia presence
presenciar to witness, be present at
presentar to present; to introduce
presente present, here
presentimiento premonition
presidente *m.* president
preso/a prisoner
prestigio prestige
previo/a previous
primavera spring
primer, primero/a first
primitivo/a primitive

principio: al principio (**de**) at the beginning (of)
prisa haste, rush
privado/a private
probar (**ue**) to try; to try on; to prove
problema *m.* problem
proceso process
producción *f.* production
producir *irreg.* to produce
productivo/a productive
producto product
profesión *f.* profession
profundo/a deep; profound
programa *m.* program
programar to program
prohibir to forbid
promesa promise
prometer to promise
pronto soon; **de pronto** suddenly
pronunciar to pronounce
propio/a *adj.* own, one's own
proponer (*like* **poner**) to propose; to suggest
propuesta proposal
protagonista *m., f.* protagonist
protección *f.* protection
proteger (**j**) to protect
protestar to protest, object
provecho: buen provecho enjoy your meal
provenir (*like* **venir**) to come from
proyección *f.* projection
prueba proof, test
psicología psychology
psicólogo/a psychologist
psiquiatría psychiatry
publicar (**qu**) to publish
publicidad *f.* publicity

público/a *adj.* public
pueblo town
puerta door
puesto position
punto point; **en punto** on the dot; **estar** (*irreg.*) **a punto de** to be about to (*do something*); **poner** (*irreg.*) **punto final** to finish
puro/a mere; pure
púrpura *n.* purple

¡qué horror! how dreadful!; **¿qué tal?** how are you (doing)?
quedar(se) to remain, stay; to be left
quejarse to complain
quejido moan
quemar to burn
querer *irreg.* to want; to like, love
querido/a dear, beloved
quien who
¿quién? who?
quitar to take away
quizá(s) perhaps

racista *m., f.* racist
rama branch
ramo bouquet
rapidez *f.* speed
rápido/a fast
raro/a strange; unusual
rato brief period of time
rayo ray, beam
raza race (*ethnic*)
razón *f.* reason; **tener** (*irreg.*) **razón** to be right
reacción *f.* reaction
reaccionar to react
realidad *f.* reality

realizar (**c**) to fulfill, accomplish
reanudar to resume
reaparecer (**zc**) to reappear
rebeldía rebelliousness
rebosante full, brimming
receptor *m.* receiver
recibir to receive; to get, earn
recién + *p.p.* recently
reciente recent
recomendar (**ie**) to recommend
recompensa reward
reconocer (**zc**) to recognize
recordar (**ue**) to remember
rector *m.* rector
recuento inventory; summary
recuperar to regain
recurrente recurrent
recursos *m. pl.* means, resources
rechazar (**c**) to reject, turn down
red *f.* network
redondo/a round
reducir *irreg.* to reduce
reemplazar (**c**) to replace
reencarnar to reincarnate
referirse (**ie, i**) (**a**) to refer (to)
reflejar to reflect
reflexionar to reflect on, meditate on
refresco soft drink
regalo gift
regañadientes: a regañadientes reluctantly, grudgingly
región *f.* region
regla rule
regresar to return, go back
regreso return; **de regreso** on the way back

reina queen
reino kingdom
reinventar to reinvent
reír (**i, i**) to laugh
reiterar to reiterate
rejas *f. pl.* bars
relación *f.* relationship
relacionar to relate
relajado/a relaxed
relatar to relate, narrate
relativo/a relative
relato story, narrative
releer (**y**) to reread
reloj *m.* clock
remedio: sin remedio
   unavoidably, inevitably
remontarse to go back (*to some past date*)
remoto/a remote
renacer (**zc**) to be reborn
renuente reluctant
renunciar to renounce
reñir (**i, i**) to quarrel
repaso review
repente: de repente suddenly
repentino/a sudden
repercutir to reverberate, echo
repetir (**i, i**) to repeat
repleto/a full
réplica replica
reportaje *m.* article
representativo/a representative
reprimir to repress, check
reprochar to reproach
repulsión *f.* repulsion
repulsivo/a repulsive
requisito requirement
reserva: sin reservas openly, frankly
residencia dormitory
residencial residential
residir to reside

resignado/a resigned
resistencia resistance
resistir to resist
resolver (**ue**) (*p.p.* **resuelto/a**)
   to resolve, solve
respecto: con respecto a with
   respect to
respeto respect
respiración *f.* breathing
respirar to breathe
responder to reply, respond
responsabilidad *f.*
   responsibility
responsable responsible
respuesta answer
restaurante *m.* restaurant
resto rest
resuelto/a *p.p.* resolved;
   solved
resultado result
resultar to turn out to be
resumir to summarize
retener (*like* **tener**) to detain,
   hold
retirar to remove
retorcerse (**ue**) (**z**) to writhe
retórica rhetoric
revelador(a) revealing
revisar to check
revivir to relive
rey *m.* king
rezar (**c**) to pray
rico/a rich; tasty
ridículo/a ridiculous
riego irrigation
rima rhyme, poem
rincón *m.* corner, nook
río river
risa laughter
ritmo rhythm
ritual *m.* ritual
rival *m., f.* rival

rizado/a curly
robar to steal, rob
rodear to surround
rodeo: andar (*irreg.*) **con rodeos** to beat around the bush
rodilla: de rodillas kneeling; **ponerse** (*irreg.*) **de rodillas** to kneel
rojo/a red
rollo mess, predicament (*Sp.*)
romántico/a romantic
romper (*p.p.* **roto/a**) to break
ron *m.* rum
ropa clothing
rosa rose
rosal *m.* rosebush
rostro face
roto/a *p.p.* broken
ruido noise
ruina downfall
rumbo direction
rutina routine

sábado Saturday
saber *irreg.* to know; **saber +** *inf.* to know how to (*do something*)
sabor *m.* flavor
sabroso/a delicious
sacar (**qu**) to take out; to get, obtain; **sacar a bailar** to invite to dance
sacrificar (**qu**) to sacrifice
sacudir to shake
sala living room
salir *irreg.* to leave, go out; to come out; to turn out to be
salón *m.* room, reception room; **salón de baile** dancehall
saltar to jump
salto jump

saludar to greet
salvar to save, rescue
san *shortened form of* **santo**
sangre *f.* blood
sano juicio right mind
sarcasmo sarcasm
seco/a dry, dried
secreto secret
secreto/a *adj.* secret
secta sect
sector *m.* sector
seducir *irreg.* to seduce
seductor(a) seducer
seguida: en seguida right away, immediately
seguir (**i, i**) (**g**) to follow, continue
según according to
segundo second
segundo/a *adj.* second
seguridad *f.* security
seguro/a sure, certain
selecto/a select
semana week; **fin** (*m.*) **de semana** weekend
semidesnudo/a half-naked
sencillo/a simple
sensación *f.* sensation
sensibilidad *f.* sensibility
sentarse (**ie**) to sit down
sentencia sentence
sentido sense
sentimiento feeling
sentir(se) (**ie, i**) to feel
señal *f.* sign
señor (**Sr.**) *m.* Mr., sir; gentleman
señora (**Sra.**) Mrs.; lady
señorita (**Srta.**) Miss; young lady
separación *f.* separation
separado/a apart

separar to separate
ser *irreg.* to be
ser (*m.*) humano human being
sereno/a serene
serie *f.* series
serio/a serious; en serio
 seriously
servir (i, i) to be useful
sexo sex
sexto/a sixth
siglo century
significar (qu) to mean
siguiente following, next
silencio silence; guardar
 silencio to keep silent
silencioso/a silent
silueta silhouette
símbolo symbol
simple simple; foolish
simplista simplistic
simulación *f.* simulation
simulacro sham, simulacrum
simulador *m.* simulator
sin without; sin duda without a
 doubt; sin embargo however,
 nevertheless; sin remedio
 unavoidably; inevitably; sin
 reservas openly, frankly
sincopado/a syncopated
sinfín *m.* endless number
sinfónico/a symphonic
siniestro/a sinister
sino but (rather)
sintetizador *m.* synthesizer
sinvergüenza *m., f.* scoundrel
siquiera even; ni siquiera not
 even
sirviente *m.* servant
sistema *m.* system
sitio place, site
situación *f.* situation

sobre on; about; above
sobrehumano/a superhuman
sobresalir (*like* salir) to stand
 out
sobrevivir to survive
sociedad *f.* society
sofisticado/a sophisticated
sol *m.* sun; hacer (*irreg.*) sol to
 be sunny
solamente *adv.* only
soldado soldier
soledad *f.* solitude
solicitar to apply for
sólido/a solid
solitario/a solitary
solo/a *adj.* alone; single
sólo *adv.* only
solucionar to solve
sollozo sob
someter to subject
sonámbulo/a sleepwalker
sonar (ue) to play; to ring
sonido sound
sonreír (i, i) to smile
sonrisa smile
soñar (ue) to dream
soportar to support; to bear,
 endure
soporte (*m.*) lógico software
sorbo sip
sorprendente surprising
sorprender to surprise
sorpresa surprise
sospechar to suspect
suave soft
suavizar (c) to soften
subrutina subroutine
suburbio suburb
subvencionar to subsidize
subyugar (gu) to subjugate
suceso event

sudor *m.* sweat
sueldo salary
suelo floor
suelto/a loose
sueño dream; sleepiness
suerte *f.* luck; **por suerte** luckily
suficiente sufficient
sufrimiento suffering
sufrir to suffer
suicidio suicide
sujeto subject
sumergir (**j**) to submerge
supervisar to supervise
suplicante pleading
suplicar (**qu**) to beg
suplicio suffering; ordeal
suponer (*like* **poner**) to suppose
supuesto: por supuesto of course
surgir (**j**) to spring up
surrealista surrealist
suspirar to sigh
suspiro sigh
sustancial substantial
susurrar to whisper

tabaco tobacco
tajante *adj.* emphatic
tal such (a); **¿qué tal?** how are you (doing)?; **tal vez** perhaps
talento aptitude, talent
tampoco neither, not either
tan as, so; **tan... como** as . . . as
tanto/a as much; **tanto** *adv.* as, so much; *m.* little, bit
tapa cover
tapiz *m.* (*pl.* **tapices**) tapestry
tararear to hum
tarde *f.* afternoon, evening; *adv.*

late; **más tarde** later
tatarabuelo/a great-great-grandfather, great-great-grandmother
teatro theater; **obra de teatro** play
teclado keyboard
tecnología technology
tejano/a: pantalones (*m. pl.*) **tejanos** jeans
teléfono telephone
televisión *f.* television
televisor *m.* television set
tema *m.* theme, topic
temblar (**ie**) to tremble, shake
temblor *m.* tremor
tembloroso/a trembling
temer to fear
temeroso/a timid
temporal temporary
temprano *adv.* early
tendencia tendency
tener *irreg.* to have; **tener celos** to be jealous; **tener cuidado** to be careful; **tener ganas de** + *inf.* to feel like (*doing something*); **tener hambre** to be hungry; **tener lugar** to take place; **tener miedo** to be afraid; **tener que** + *inf.* to have to (*do something*); **tener razón** to be right
tenso/a tense
tentación *f.* temptation
tenue dim
tercero third party
terminal *f.* terminal
terminar to finish, end
terminología terminology
ternura tenderness
terreno land, ground, terrain;

piece of land, plot

terror *m.* terror
testigo *m., f.* witness
testimonio testimony
texto text
tez *f.* complexion
tibio/a warm
tiempo time
tierno/a tender
tierra land, earth
timbre *m.* bell
típico/a typical
tipo type, kind
tirar to throw
titulado/a titled
titular *m.* headline
título title
tocar (**qu**) to touch; to play (*a musical instrument*)
todavía still, yet
todo/a *adj.* all, every; **después de todo** after all; **de todos modos** anyway; **por todas partes** everywhere
tolerar to tolerate
tomar to take; **tomar una decisión** to make a decision
tono tone
tonto/a silly, foolish
tormenta storm
torpe clumsy
tortura torture
torturar to torture
trabajar to work
trabajo work; job
tradición *f.* tradition
tradicional traditional
traducir (*like* **producir**) to translate
traer *irreg.* to bring
tráfico traffic

tragedia tragedy
trágico/a tragic
trago drink
trampa trap; **caer** (*irreg.*) **en la trampa** to fall into the trap
trance *m.* trance
tranquilidad *f.* calm
tranquilizar (**c**) to calm
tranquilo/a calm, tranquil
transformación *f.* transformation
transformar to transform
transmisión *f.* transmission
transmitir to transmit
transportarse to be transported
tras *prep.* after
trasfondo background
trasladar to transfer, move
traspatio backyard
tratar to treat (*give treatment*); **tratar** (**de**) + *inf.* to try to (*do something*)
trauma *m.* trauma
traumatizado/a traumatized
través: a través de through, by means of
travesía voyage, journey
travieso/a mischievous
tribu *f.* tribe
triste sad
tristeza sadness
triunfo triumph
tropezar (**ie**) (**c**) to stumble, trip
truco trick
trueno thunder

ubicar (**qu**) to place
últimamente lately, recently
último/a last
único/a only; unique

unidad *f.* unit
unión *f.* union, marriage
unir to unite
universidad *f.* university
universitario/a *adj.* university
urgente urgent
urgir (**j**) to urge, press
usar to use
útil useful
utilizar (**c**) to utilize

vacilante vacillating, hesitant
vacío *n.* void, emptiness
vacío/a empty
vagabundo/a vagabond
valer *irreg.* to be worth; (**no**)
  valer la pena (not) to be
  worthwhile; **vale** OK, fine
  (*Sp.*)
válido/a valid
valiente valiant, brave
valioso/a valuable
valor *m.* courage
valle *m.* valley
vampiro vampire
vapor *m.* steam, vapor
variedad *f.* variety
varios/as *pl.* various, several
vecino/a neighbor
velocidad *f.* speed
veloz (*pl.* **veloces**) quick, fast
vena vein
vencer (**z**) to conquer
vender to sell
venganza revenge
vengar (**gu**) to avenge
vengativo/a vengeful, vindictive
venir *irreg.* to come
venta sale
ventana window
ver *irreg.* to see; **verse** to look,

  appear
verano summer
verbo verb
verdad *f.* truth; **de verdad**
  truly, really
verdadero/a true, real
verde green
verificable verifiable
verificar (**qu**) to verify
vertiginoso/a giddy, dizzying
vértigo dizziness
vestido dress
vestir (**i, i**) to dress
vez *f.* (*pl.* **veces**) time, occasion;
  a veces at times, sometimes;
  de vez en cuando from time
  to time; **otra vez** again; **tal**
  vez perhaps
viajar to travel
viaje *m.* trip
vicio vice
víctima victim
victoria victory
victorioso/a victorious
vida life
viejo/a old
viento wind
viernes *m. inv.* Friday
violeta *adj.* violet
violín *m.* violin
virus *m. inv.* virus
visión *f.* vision
visita visit
visitar to visit
vista sight
vivencia personal experience
vivir to live
vivo/a alive, living; **vivito y**
  coleando alive and kicking
volante *m.* ruffle
volar (**ue**) to fly

voluntad *f.* will
voluntario/a voluntary
volver (**ue**) (*p.p.* **vuelto/a**) to
   return (*to a place*); **volver a** +
   inf. to (*do something*) again;
   volverse loco/a to go mad,
   crazy
voz *f.* (*pl.* **voces**) voice
vuelto/a *p.p.* returned

ya already, now
yacer *irreg.* to lie

zapato shoe
zona zone
zumbar to buzz, hum

Elías Miguel Muñoz is a widely published Cuban American poet, fiction writer, and literary critic. He has a Ph.D. in Spanish from the University of California, Irvine, and he has taught Latin American literature at the university level. He is coauthor, with Tracy David Terrell, of the college textbook *Dos mundos*, and of the *¡Bravo!* series for the high school level. Muñoz is also the author of *Viajes fantásticos*, the first title in The Storyteller's Series of Spanish readers, which he created in collaboration with Stephen Krashen.

Other published works by Muñoz include two books of literary criticism and the novels *Los viajes de Orlando Cachumbambé*, *Crazy Love*, and *The Greatest Performance*, as well as the poetry collections *En estas tierras/In This Land* and *No fue posible el sol*. Muñoz has also written for the theater; his play *The L.A. Scene* had a successful run off-Broadway in New York in 1990. He has published fiction in several anthologies, including *Cuban American Writers: Los atrevidos; Iguana Dreams; Cuentos hispanos de los Estados Unidos;* and *Short Fiction by Hispanic Writers of the United States.* His poetry has appeared in Norton's *New Worlds of Literature; Hispanics in the United States: An Anthology of Creative Literature;* and *Literatura Fronteriza.* Muñoz has recently completed a two-act play called *The Last Guantanamera.*